JN410941

봄 여름
그리고
가을 겨울

봄 여름 그리고 가을 겨울

초판 1쇄 2020년 07월 17일

지은이 강병선
발행인 김재홍
디자인 이근택
교정 · 교열 김진섭
마케팅 이연실

발행처 도서출판 지식공감
브랜드 문학공감
등록번호 제2019-000164호
주소 서울특별시 영등포구 경인로82길 3-4 센터플러스 1117호 (문래동1가)
전화 02-3141-2700
팩스 02-322-3089
홈페이지 www.bookdaum.com
이메일 bookon@daum.net

가격 12,000원
ISBN 979-11-5622-518-8 03810

CIP제어번호 CIP2020025226
이 도서의 국립중앙도서관 출판예정도서목록(CIP)은 서지정보유통지원시스템 홈페이지(http://seoji.nl.go.kr)와 국가자료공동목록시스템(http://www.nl.go.kr/kolisnet)에서 이용하실 수 있습니다.

문학공감은 도서출판 지식공감의 인문교양 단행본 브랜드입니다.

- '지식공감 지식기부실천' 도서출판 지식공감은 창립일로부터 모든 발행 도서의 2%를 '지식기부 실천'으로 조성하여 전국 중 · 고등학교 도서관에 기부를 실천합니다. 도서출판 지식공감의 모든 발행 도서는 2%의 기부실천을 계속할 것입니다.
- 봄 여름 그리고 가을 겨울은 한국예술인 복지재단에서 전액 지원 받아 출간했습니다.

봄 여름 그리고 가을 겨울

강병선 시집

문학공감

서문

초등학교 5학년 때, 담임선생님이신 차상우 선생님은 20이 갓 넘은 청년선생님이셨습니다. 문학에 관심이 있으셨는지 국어 시간이 되면 글짓기 공부를 많이 시키셨습니다. 짧은 글짓기를 시키시면서 유독 발표를 많이 시키셨고, 열심히 노력하면 훌륭한 시인이 될 수 있다고 하시며 작가의 꿈을 심어주셨습니다.

이때부터 작가가 되는 꿈을 자연스럽게 갖게 되었던 것입니다. 그러나 선생님은 작가가 되는 꿈만 꾸게 해주시고 1학기를 다 마치기 전에 군에 입대를 하시고 이후로는 한 번도 뵙지를 못하고 말았습니다. 초등학교 때 꿈을 환갑이 넘어 깨달으면서 선생님을 찾기 위해 팔방으로 노력했으나 아직 찾지 못하고 있습니다. 이렇게 작가의 꿈을 심어준 선생님의 존함을 밝히는 것은 혹시나 연락이 닿아 만남이 이루어지지 않을까 하는 간절함 때문입니다.

인간은 환경에 지배를 받는 동물이라고 누군가가 말했습니다. 꿈을 실현시키기에는 제가 처한 환경이 호락호락하질 않았습니다. 글을 쓰는 작가의 꿈은 사치스런 꿈이었습니다. 결혼을 하고 자식을 낳고 먹고 사느라 초등학교 때 꿈은 깜박 잊고 환갑이 훨씬 넘고 나서 그때의 꿈을 깨달았습니다.

글쓰기에 체계적인 교육을 받은 적이 없었습니다. 무턱대고 시를 쓰고 형편없는 수필을 쓰고 소설을 정신없이 썼습니다. 어찌했거나 시인이 되고 수필가가 되었으며 시조시인, 소설가라는 타이틀을 땄습니다.

맨 처음 글쓰기를 시작하면서 컴퓨터 속에서 잠자고 있는 몇 권 분량의 시와 소설, 수필들도 태어나고 어린 시절을 보내면서 지금까지의 대부분이 살아왔던 한을 풀어 쓴 것들입니다. 세월의 무상한 인생살이와 황혼, 어머니와 고향에 관한 것들이 대부분입니다. 그 와중에도 2018년에 『농부가 뿌린 씨앗』이란 제목으로 낸 처녀 수필집도 나의 한스런 얘기들로 채웠습니다. 물론 시와 수필들로도 한스런 얘기들을 풀어 쓸 수 있지만 3장 6구 12절의 시조를 통해서 필자나 독자가 맘에 빨리 와 닿게 하는 데 격이 맞을 것 같아 작년에는 200여 수의 처녀시조집을 내게 되었고 이어 장편소설 『마당쇠』를 480페이지 분량으로 연이어 출간하게 되었습니다.

초등학교 때 꿈을 깨닫고 무턱대고 써놓은 600여 수의 시 중에 아직 책으로 출간하지 못한 황혼(黃昏)이란 시집을 포함해, 수필이랍시고 써 놓은 것들과 장편동화와 단편동화 등 10여 권의 분량이 넘는 원고들이 출간비용이 없어 내 컴퓨터에 잠자고 있는 걸 알기나 한 듯 뜻밖에도 내 고향 순찬 팔마문학에서 십시일반 뜻을 모아 출간지원금을 모아 주셨습니다. 이에 보답하기 위해 지난 4월 16일 『세월아 친구하자』란 제목으로 시집을 내게 되었습니다. 그리고 두 달여 만에 『봄 여름 그리고 가을과 겨울』은 한국예술인복지재단에서 전액 지원해주셔서 부랴부랴 서둘러 내게 되었습니다.

고향에서 어렸을 때 듣고 보았습니다. 어머니께서 베틀에 올라앉아 육자배기도 아니고 가요도 아닌 노래처럼 부르고 계신 것을 자주 듣고 자랐습니다. 지금 생각하니 한스런 인생살이를 읊으셨던 것들이었습니다. 눈감으면 그려지는 어머니의 한을 풀어쓴 것도 몇 편 들어있습니다.

가난한 빈농의 아들로 태어나 구차한 인생살이를 하면서 한스러운 노랫말을 중얼중얼했던 것들을 컴퓨터 앞에서 꿰맞추다 쌓이고 쌓인 것들이 시가 되고 시조가 되며 또 조금 길게 쓴 것은 수필이 되며 조금 더 길게 쓰면 소설이 되었습니다.

시와 수필, 시조, 소설, 많은 장르에서 활동하다 보니 문학인들이 책을 많이 보내옵니다. 예술 관련 재단이나 기관에 지원금을 받아 출간했다는 글귀를 볼 때마다 나는 언제쯤이나 예술 관련 기관에 인정을 받는 작가가 되나 하며 한없이 부러웠습니다.

그러던 중 한국예술인복지재단에서 넉넉하게 지원금을 주셨습니다. 덕분에 『봄 여름 그리고 가을 겨울』이란 시집을 출간하게 되었으니 엎드려 감사드립니다.

그리고 가난한 햇병아리 문학인에게 물심양면으로 배려해주신 도서출판 문학공감 김재홍 사장님과 교정을 꼼꼼히 봐 주신 김진섭 편집자님과 이근택 디자이너 선생님에게 감사드리며 마케팅담당 이연실 선생님에게도 깊은 감사드립니다.

2020년 6월,

코로나19야 물러가거라.

힘차게 외치며 진주에서 강병선

목차

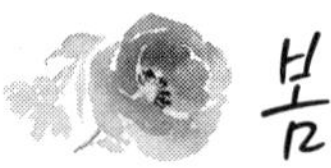

봄

여름

가을

겨울

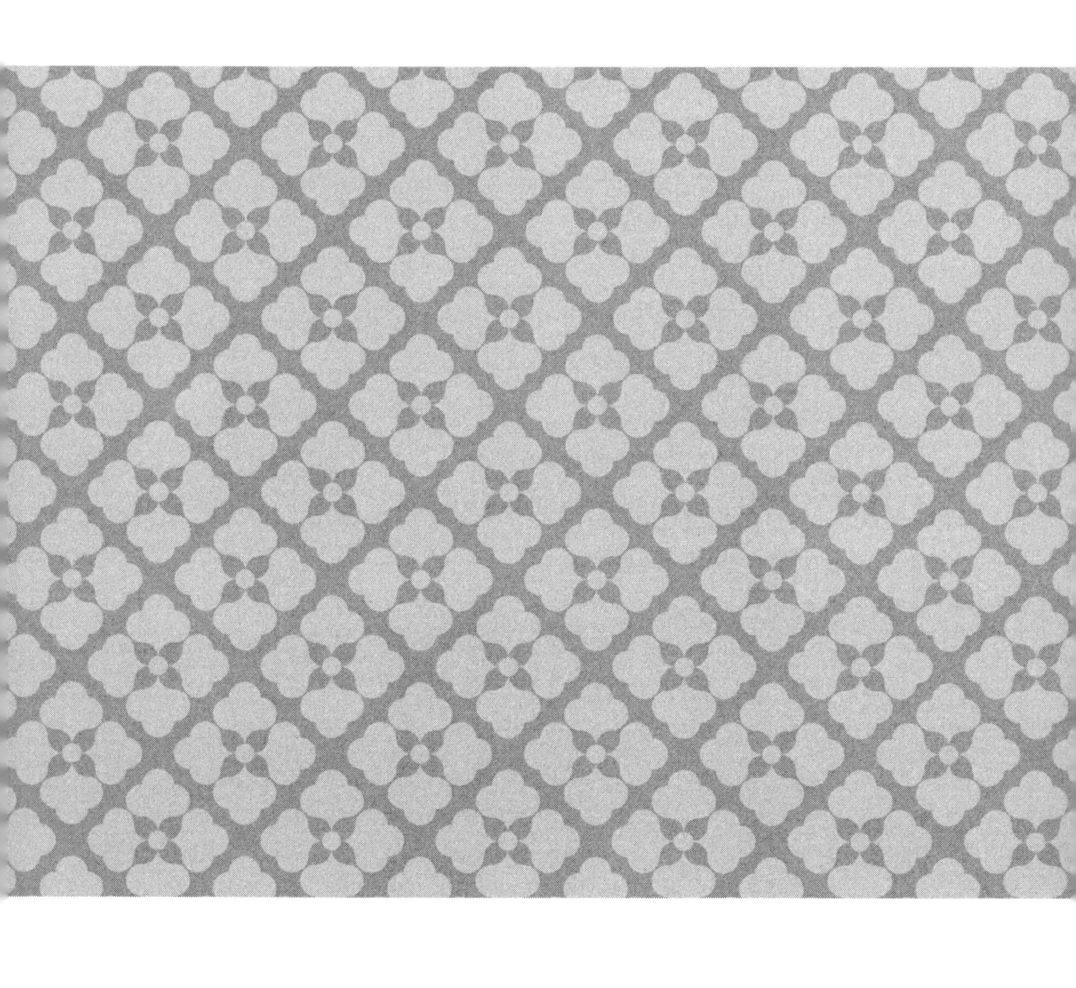

봄

고향의 봄

내 고향 뒷산에 진달래가 만발하면
언두박골 순이와 아랫집 철이와 함께
개구쟁이 소꿉동무 삼총사는 즐거웠습니다.
구랑골 밭두렁서 보리피리 불어대며
삐비 뽑고 찔구 꺾던 내 고향
올봄에도 진달래 곱게 필 것입니다.
내 고향 하늘에서 꽃바람이 불어올 때는
소꿉놀이하던 때가 더 그립습니다.

50~60년대 순천 황전면 발산마을은 48호 그중에 주감돔, 가운데돔, 구석돔, 연당, 이렇게 4개 돔으로 나누어진 마을에 주감돔에는 어두박골 순이 집이 있고 우리 집 아래에는 철이네 집이 있었다. 인천으로 이사 간 봉식이 또 다른 순이 이렇게 5명이었다. 그때는 텃세가 없었지만 왠지 가운데돔은 낯설었다.

꽃들이 나를 반기네

매화꽃 축제 기분은
아직 가시지 않았는데
산에 가면 진달래가
수줍은 듯 나를 반기고
들에는 개나리가 미소를 짓네.
벚꽃잔치 마당에 꿀벌들이
윙윙 노래하는 소리에
이 몸이 붕붕 떠오르는 기분이다
산에는 진달래가 들엔 개나리 벚꽃들이
자연에서 피어난 살아있는 꽃들이
나를 반겨 주니 이 몸이 붕붕
하늘을 나는 기분이네.

꽃병에 꽂힌 것이나 꽃다발은 죽은 꽃이라 해야 맞다. 산이나 들에서 살아있는 꽃을 보는 것이 옳은 꽃구경이라 해야 않겠는가.

꽃샘추위(1)

지난겨울은 유난히도 추웠고 길고도 지루했습니다.
견디기 어려웠던 날들을 끝까지 참고 견디었기에
매서웠던 동장군들과 싸움에서 승리했습니다
동장군 패잔병들이 꽃샘추위를 몰고 와
피어나려는 봄꽃들에게 횡포를 부리고 있네요.
겨울 추위 동장군은 지나갔다고 넣어둔 두꺼운 외투와
오리털 파카잠바를 다시 꺼내 입고 출근길에
나선 사람들이 있습니다.

완연한 봄이 왔다고 믿고 있다가
때아닌 꽃샘추위와 맞닥뜨리고
거북이등 같은 외투를 둘러쓰고 잔뜩 움츠리며
출근길에 나섰습니다.
자연의 주인 되신 하나님의 변함없는 정의로운 섭리에
벌써 오래전 한반도 멀리 멀리 쫓겨 갔지만
봄의 화신에 대항하다 흩어진 동장군 패잔병들이
갓 피어나려 하는 나무들의 새싹들을 주춤하게 합니다.
동장군 패잔병들이 봄을 시샘하며 아무리 방해를 해도
매화 진달래 벚꽃과 오만가지 꽃들은
피고 지고 열매도 맺을 것입니다.

꽃샘추위(2)

산 너머에서 살랑살랑 따뜻하게 봄바람이 불어오면
사람들은 봄노래를 부릅니다. 선학산 골짜기 개울가에
버들강아지들도 하얀 솜털 꽃이 활짝 피었습니다.
양지쪽에 비탈진 자락에 매실나무 꽃들이 하얀 눈꽃 물결 이루면
작년엔가 맡아 보던 향긋함이 올해엔 더 진하게 풍깁니다.
꿀벌들 사는 아파트에 매화꽃 축제 열었다고
소식 전했나 봅니다.
꿀벌신랑들이 달려가서
매화꽃 신부들을 껴안고 반갑게 포옹을 하면
노래와 춤 어우러진 축제마당에 꿀벌 노랫소리가
오랫동안 그치지 않습니다.
봄바람에 쫓겨 가던 동장군 패잔병들이 시샘하며
심술궂은 찬바람으로 공격을 하니 사람들은 이를 보고
심술궂은 꽃샘추위라고 말합니다.

늦은 아침 식사를 하고 오랜만에 선학산 등산을 위해 산을 오르니 올라가고 내려오는 사람들의 옷차림이 한결 밝고 가벼워졌다. 양지쪽 비탈에 매실나무과수원 밭 자락마다 매화꽃이 온통 하얗게 물결을 이루고 사람들은 매화꽃 향기에 취해 스마트폰 촬영을 하고 있다. 겨울잠 자던 꿀벌들은 이 꽃 저 꽃 부지런히 꿀을 모으고 있었는데 이따금씩 불어오는 북풍이 차갑다.

꽃처럼 살고 싶다

아! 꽃처럼 살고 싶다.
항상 웃음 가득한 예쁜 얼굴로
슬픔도 괴로움도 없는
광야에 들꽃처럼 살고 싶다.
활짝 웃는 아름다운 모습으로
곱게 피어 있는 꽃처럼
기쁨과 즐거움과 행복꽃밭 속에서
날마다 살았으면 좋겠다.
이왕이면 봄과 여름 가을과
겨울을 가리지 않고
일 년 사계절 내내 피어 있는
그런 꽃이 되고 싶다.
세찬 비바람에도 엄동설한에도
언제나 예쁜 모습으로 활짝 피어있는
아! 나도 꽃이 되고 싶어라.
언제나 즐거워 웃고 있는 꽃처럼
날마다 활짝 웃으며 살고 싶다.

키가 자라 이웃에 그늘도 주지 않고 양옆으로 세를 불리지 않아 다툼도 없는 땅바닥에 바짝 엎드려 피어 있는 작은 들꽃이 좋다.

기해년 경칩 날

봄비가 내리는 소리에
겨울잠을 자던 개구리가
기지개 길게 켜며 숨쉬기를 하다말고
코끝이 맹맹하다며 이유를 묻고 있네.

샛노란 산수유 꽃 새하얀
매화들이 불러대는 봄노래에
개구리 가족들이 늦잠자다 깜짝 놀라
땅 위로 나오던 날에 미세먼지 극성이네

동백과 매화가 벌벌 떨고만 있네

입춘(立春)과 함께 매화도
이 나라에 찾아 왔노라고
텔레비전 방송에서 떠들어 댄다
한반도 남쪽 어느 지방에 빨간 동백꽃도
입춘과 함께 봄이 왔다고 떠들어 댄다.

동백 매화와 둘이서 바깥 동정 살피러
살며시 봄의 화신과 같이 왔다가
방송카메라에 들켜 버렸다 한다. 아직 봄의 화신은
다 온 것 아닌데 동백꽃 매화 및 망울반
봄의 전령사로 동정 살피러 왔다고 했다.

겨울 동장군에게 언제쯤 오라는 기별도 없이
막무가내로 봄이 왔다고 떠들어 대니
겨울 동장군이 화가 나 전국에 눈 폭탄을 퍼붓고 있다.
심술꾸러기 꽃샘추위 횡포에
봄의 전령사 동백과 매화가 벌벌 떨고만 있다.

길가에 민들레(1)

길가에 웅크리던 민들레 가족
봄 처녀가 따뜻한 봄비와 함께
찾아오고 있다는 소식을 들었나 보다
주먹 안에 샛노란 꽃 가득 쥐고
살며시 두 주먹으로 헤집고
두루 주변을 살핀다.
봄 처녀가 갖고 온 봄비들을
골고루 나눠주고 있다.
거리에도 은행나무 가로수에도
사람들이 지나다니는 길가에도
봄 처녀가 봄비를 골고루
나누어주고 있다.
길가에서 봄비를 기다리던
민들레 가족이 주변을 살피다
재빨리 노란 꽃 쥐고 있던 주먹을 펴고
봄 처녀가 갖고 온 봄비에 목을 축인다.
쥐고 있던 노란 꽃봉오리들을
일제히 터뜨린다.

길가에 민들레(2)

사람들의 발길이 닿지 않는 곳이라면
노란꽃 피우기가 편하였을 것을…
바보처럼 뭍사람들이 걸어 다니는
보도블록 틈새에서 자리 잡았습니다.

오매불망 새봄이 오기만 기다리다가
따뜻한 햇볕을 틈탔습니다.
재빨리 가느다란 꽃대를 내밀고
노란 작은 꽃봉오리도 내밀었습니다.

개구쟁이들이 학교 길에 조잘거리며
걸어오는 소리를 듣고 바짝 엎드렸다가
이들이 지나간 후에 다시 또 벌떡 일어나
작은 꽃 대궁을 밀어 올렸습니다.

이번에는 뚱뚱보 아저씨가 걸어옵니다.
다시 한번 바짝 엎드렸습니다.
목뼈가 부러지는 줄로 알았었지만
기어이 노란 꽃봉오리 피웠습니다.

보도블록 틈새에 자라는 민들레의 생명력은 우러러볼 만하다.

만춘(晩春) 낙화(落火)

봄볕이 따뜻한 날
아지랑이 아롱아롱 축하받으며
사랑하는 임의 사랑 키스 받았습니다.
짧은 만남이었지만 일생에 잊지 못할
황홀한 사랑을 나누고 떠나는 임께서
주신 열매를 잘 키우겠다고
눈물로 다짐했습니다.
곱게 단장했던 연지 곤지 다 지우고
붉은 치마 노랑저고리도 벗어서
조용히 내리는 봄비 속으로 던져버리고
오직 사랑하는 임께서 주신 열매들을
잘 키우겠다고 다짐합니다.
훌륭한 엄마 되고 곧은 아내 되어서
내년 봄까지 기다리겠다고
꽃잎들은 늦은 봄비와 함께
떠나가고 있습니다.

민들레(1)

길가에 홀로선 전봇대 아래에는
웅크리던 민들레 가족이 자리 잡았습니다.
봄 처녀가 따뜻한 봄비와 함께
찾아오고 있다는 소식을 듣고
주먹 안에 샛노란 꽃 꼭 쥐고 있습니다.
개구쟁이 동네 강아지가 오줌세례 붓고 간 후에
두루 주변을 살피다가
봄 처녀가 갖고 온 봄비에 목을 축이고
재빨리 쥐고 있던 주먹을 펴고
노란 꽃봉오리들을 일제히 터뜨립니다.

그래도 전봇대를 등진 민들레들은 보도블록에 자리 잡은 것에 비교하면 아방궁이다.

민들레(2)

산들바람 봄바람 살랑살랑 부는 날
아기 민들레들이 봄나들이 소풍 나왔다가
길 잃고 헤매다 지쳤다

남의 집 담벼락 틈새에서 잠들었다가
영영 엄마 품에 돌아가지 못하고
미아가 되어 버렸네.

지난여름에 칠팔월 뜨거운 태양과
혹독한 겨울 추위도 다 이겨내고
엄마 품에 돌아가겠다는
일념 하나로 살았었다네.

많은 사람들이 오고 갈 때에
수많은 발걸음에 밟히고 치여도
살짝 엎드렸다 다시 일어나
엄마품속 그리워한다.

작년 봄 입었던 노랑저고리
올해에도 입고 나와서
엄마 품에 돌아갈 그날만을
애타게 기다린단다.

민들레모정

엄마자궁 떠난 민들레 남매들이
뿔뿔이 헤어졌다.
길가의 전봇대를 의지하고
자리 잡은 어린 민들레가
온갖 수모를 다 당하고 있다.
술꾼들이 지나가다 막걸리 소주 삼겹살
토하여 내놓고 간 후에
수캐가 강아지 떼들을 거느리고 온다.
오줌세례 퍼붓는 것도 견디어 내며
엄마 민들레가 받았던 수모를
그대로 이어받는다.
아들딸 잘 기른 엄마가 되기 위해
열심히 수업중이다.
오직 내 새끼들만은 잘 키워서
봄볕이 따뜻한 좋은 날 택해
시집장가 보내리라 다짐을 한다.
좋은 엄마 되겠다는 모정과 꿈이 당차다.

민들레모정은 나를 낳아 기르는 엄마의 모정처럼 눈물겹다. 사람들이 지나다니는 보도블록 틈새에서 꽃을 피우고 기어이 민들레 홀씨를 날려 보내는 걸 본다.

목련의 비애

매화 산수유 벚꽃들보다 겨울잠도 일찍 깨
올봄에는 기어이 꿀벌 신랑 맞아 시집가겠단다.
철 늦은 겨울비에 목욕재계하고 꿀벌 신랑 맞을
준비하는 목련이 백옥처럼 빛나고 아름답다.

따뜻한 봄 햇살에 꽃망울 터뜨린 매화 벚꽃 축제장에
늦잠 자다가 잠 깬 꿀벌 신랑들 달려가네.
벚꽃축제장에 꿀벌 신랑들이 윙윙 목청 돋우는 노랫소리에
사람들도 모여들어 즐거워하네.

매실과 벚 열매와 가을엔 빨간 산수유 열매처럼
주렁주렁 열리는 꿈만 꾸다가 꿀벌 신랑들 오시라고
애타게 손짓하지만 꿀벌 신랑들은 못 들은 척하네
임 오셔야 뽕을 따지 신세타령만 한다.

올봄에도 꿀벌 신랑 맞아 시집가는 꿈은 이루지 못하고
기다리다 지친 가엾은 신세 되고 말았네.
백옥처럼 영롱했던 목련의 꿈은 올해도
물거품 되어 봄비와 함께 속절없이 떨어지고 있다.

봄

달님 별님 밤새도록 놀다 간 후에
싱글벙글 해님이 아침인사를 하네.
온 세상에 따스하게 봄볕 비춰주니
어느새 새봄 아씨 봄나들이 행차시다.

산수유 아가씨가 노란 꽃바구니를 들고
사뿐사뿐 옹기종기 맘 설레게 하고
뒤를 이어 하얀 꽃 매화 아가씨들이
사뿐사뿐 춤을 추며 따라나선다.

거리마다 처녀총각이 손잡고 가고
아빠 엄마 손을 잡은 개구쟁이들도
귀여운 토끼처럼 껑충껑충 뛴다.
모두가 새봄아씨 뒤를 따르고 있네.

개나리와 진달래 소녀들이 춤추고
미스 벚꽃 아가씨도 봄노래를 부르며
새봄 아씨 봄나들이 축제마당에
가는 길이 왁자지껄 즐겁다.

산수유 매화가 꽃망울을 터뜨렸고 개나리, 진달래 그리고 벚꽃도 꽃망울을 터뜨리려 준비 중이다.

봄날의 고독

새봄아씨 아지랑이 들러리로
사뿐사뿐 걸어오며 방긋 웃는데
나를 찾아오며 웃는 것일까
살랑살랑 불어대는 봄바람도 나에게
어깨동무하고 노래하자고 속삭이는 걸까

견디기 힘든 악몽 같은 겨울은 가고
학수고대하며 기다리던 봄이 왔는데
허무하게 늙어버린 이 몸으로
봄 아가씨 맞으려니 부끄럽구나
내 얼굴이 화끈거려 봄아씨 맞기를 망설이네.

한 해 두 해 묵다보니 몸동작이
둔해지고 순발력도 떨어지는데
내 마음은 늙지 않은 청춘이라
봄 아가씨가 내 좋아할까
열일곱 살 소년처럼 맘이 설레네.

백세 세상 뛰어넘어 120살도 산다는데 일찍 늙어버린 이 몸이 회춘할 방도는 없는 건가?

봄비(1)

새벽부터 봄비가 내립니다.
우리 집 가동에도 건너편 나동에도
차들이 다니는 골목길 도로 위에도
이른 새벽부터 봄비가 내립니다.

지난겨울 험상궂은 동장군의 기세에
모두 다 견디기 어려웠던 겨울 추위를
기나긴 겨울 낮과 밤들을 잘 참아냈어요.
해마다 찾아오는 봄 처녀를 손꼽아 기다렸어요.

모든 사람들이 간절한 기도와 소망으로
이 땅 위에 봄 처녀가 오시기를 기다렸어요.
해마다 찾아오는 봄 처녀가 봄비와 같이
올해에도 꽃소식 편지 들고 찾아 왔어요.

아직 기세등등한 동장군이 무서워
봄 처녀가 흐느껴 울며 돌아섭니다.
갖고 온 봄소식 꽃 편지만
동장군 모르게 살짝 놓고 갔어요.

봄비(2)

봄 처녀가 놓고 간 봄소식 편지만 믿고
너도나도 꽃봉오리와 새싹들 터뜨렸다가
동장군들의 내뿜는 찬 기운 때문에
잔뜩 움츠린 모습들입니다.

마음여린 봄 처녀 새벽부터 울며불며
동장군님 고향 시베리아 가셨다가
올겨울에 다시 오시라고 흐느껴 웁니다.
하루 종일 흐느끼며 눈물 흘립니다.

봄 처녀의 눈물이 봄비가 되어
온 세상 꽃봉오리 새싹들 위에
하루 종일 소리 없이 내리고 있습니다.
지금은 봄비가 이슬비 되어 계속 내립니다.

봄비 내리는 날

오늘처럼 봄비가 내리는 날은
커피잔을 들고 창가에 앉아
옛날 추억을 더듬습니다.
어린 시절 자라던 고향에서
해마다 넘어야 했던 보릿고개가
오래 머무릅니다.
아내와 자식 낳고 같이 넘던 길
가파른 고갯길 한 고개 넘고 나면
평탄한 길 나오려나. 바라던 꿈은
물거품 되어 사라졌구나
가시덩굴 가파른 고갯길만 넘다 보니
어느덧 인생 황혼 길이 펼쳐진다.
눈앞에 놓인 커피잔은 싸늘하게 식는데
높은 산들만 눈앞에 펼쳐져 있네.
황혼길 걷지 않고 살 수는 없을까
어린 시절과 지난날 넘던 보릿고개 길
가시밭길 오르막 고개보다 더 무서운
황혼고개 어이 넘어갈고 건너뛰면 좋겠다.

봄비와 가을비

봄에 오는 비를 봄비라 하고
가을에 내리는 비를 가을비라 한다.
봄비나 가을비 모두
하늘에서 내리는 비라지만.

봄비 내리는 날에는
꽃씨를 심으며 꿈도 심는다.
행복한 꿈속에서
희망의 노래를 부르지만

가을비 오는 날은
우산 속에서 홀로 거닐며
외로이 쓸쓸해하면서
슬픈 노래만 부른다.

가을비 비 그친 저녁에 누가 말했었다. 봄은 여자의 계절 가을은 남자의 계절이라고 그렇지만 가을비 오는 날도 쓸쓸하기만 하다.

봄비와 민들레

먼 나라 시베리아에 동장군들이
따뜻한 곳 남쪽 우리나라에
손님으로 가장하고 떼거리로 몰려 와
겨울 공화국 만든다고 설쳐 대고 있다.
남쪽 나라에 봄 처녀가 화신들과 함께
봄비를 거느리고 오고 있다는 소식 듣고서
시베리아 동장군들은 서둘러 대고
자기들 나라로 도망을 간다.
땅속에서 웅크리던 민들레 가족들이
따뜻한 봄비 소식 들었다.
샛노란 아기 꽃들을 주먹 안에 가득 쥐고
살며시 흙을 헤집고 주변을 살핀다.
봄 처녀가 쥐고 온 봄비들을 골고루 나눠준다.
온 대지 위에도 나무들 가지마다 나눠 준다.
나뭇가지마다 꽃망울 터뜨리고
새싹들도 힘차게 젖은 땅을 헤집고 올라온다.
땅속에서 동장군을 피해 기다리던 민들레 가족들이
봄 처녀가 갖고 온 봄비 선물을 받고
불끈 쥐었던 주먹들 활짝 펴고서 노란 아기민들레들이
꽃봉오리들 활짝 펴고 인사를 한다.

봄비와 떠나간 꽃잎

살을 에는 기나긴 겨울추위도 아랑곳없이
기다리고 기다리다 맞은 봄이었지요.
세상을 온통 곱게 물들이던 꽃잎과 꽃향기도
내년 봄에 다시 오리라 아쉬움 남겨놓고
늦은 봄 봄비를 타고 어디론가 떠나갑니다.
촉촉이 내리는 봄비와 함께 보따리를 싸 놓고 떠났습니다.
작은 보따리 속에는 수많은 눈물어린 편지들이
사랑열매 씨앗으로 자라고 있습니다.
황홀했던 신혼초야도 잊은 채 온통 빨갛고 노랗게
혹은 영롱한 순백색으로 새 생명들을 잉태하고
고귀한 모정의 세월을 보낸 후 내년 봄에는 최고의
아름다운 아들딸들을 탄생시키리라는
인고의 세월 속으로 빠져들어간
그대들은 위대한 모정의 전사들입니다.

봄이 오는 소리

홀라당 다 벗었다.
나목으로 벌벌 떨어야 했던
악몽에서 깨어나고 있다.
메마른 산수유와 매화나무
벚꽃나무들 우듬지마다
봄 처녀가 호호 기를 불어 넣는다.
멈춰있던 맥이 바쁘게 뛰기 시작하고
물과 혈이 다시 돌고 있다.
움츠렸던 꽃망울을 터뜨리며
개나리 진달래 아가씨가 반갑게
봄 처녀를 맞는다.
풀 나무들과 개구리들이
잠 깨며 눈뜨는 소리가
왁자지껄 요란스럽다.

개나리, 진달래가 봄 처녀를 반갑게 맞듯 나도 새봄을 반갑게 맞아야 한다. 그렇지만 내 맘은 솔직히 말하면 젊었을 때처럼 설레지 않는다. 그저 무덤덤하다.

봄이 온다 하네

이 풍진 세상을
어떻게 살아갈꼬.
한숨 소리가
떠나지 않고 있는 나에게

맘을 비우라고 하네.
개구리와,
다람쥐처럼
살아가라고 하네.

한숨 푹 자고나면,
새들이 노래하고
꽃이 피는 봄이 찾아와
무릉도원이 펼쳐진다고 하네.

새봄이 왔으면 그대로 있는가? 며칠 밤 지나면 언제 간 줄도 모르게 새봄도 세월과 함께 가버리면 나의 이풍 진 세상은 계속될 것 아닌가.

산동골 산수유 꽃

물도 맑고 산도 좋은 산동골에
골짝마다 자락마다 동네 어귀마다
누가 그려 놓고 가셨나 노란 꽃 산수화.
노란색 산수유 꽃 물결 이루네.

실처럼 가느다란 수많은 꽃잎들이
한자리 하나의 자궁 속에 태어났으니,
오순도순 손에 손잡고 한마음으로
샛노랑 고운 색깔 아름답게 피울 수 있었다.

꽃샘추위 아직 먼 길 떠나기도 전에
산동골에 꽃 중의 꽃 산수유 꽃 축제로
평화의 상징 노란 물결 내 마음도 즐거워
새봄이 왔노라고 노래를 하네.

구례군 산동면 대평리 다음 부락에서 어머니가 나고 자란 외가가 있고 이모님은 돌아가셨지만 이종사촌 형님댁이 산수유 마을에 살고 있다.
외삼촌과 이모부가 여순 사건 때 좌익군에게 한날한시에 숨졌다. 그때 그 사연을 노란 꽃 산수유는 생생하게 기억하겠지.

삼월 삼진날

삼위일체 나타내는
하나 둘 셋, 세 개를 가리키는
셋이라는 숫자가
우리 할아버지 조상님 때부터
제일 좋은 숫자로 알고 살았습니다.
강남 갔던 제비가 박 씨 물고
새봄 맞아 돌아오는 삼월 삼진날
좋은 숫자 삼이라는 숫자가
두 개가 겹치는 날 삼월 삼일날
봄 처녀가 무장다리 꽃밭에서
노랑나비 흰나비와 살랑살랑 춤추며
남쪽 하늘 아래 봄이 오는 길목에선
아지랑이 아롱아롱 춤을 추고
박 씨 물고 새봄과 같이 오는
강남 제비 마중하는 꿈 꾸고 있네.

무장다리, 요즘에는 전문기관에서 육성한 무 씨앗을 심지만 옛날에는 씨를 받기 위해 봄에 일찍 통무우를 심었다. 꽃은 연보라색 하얀 꽃이 피었다. 배추장다리 꽃은 노랗다.

새봄이 오네

아지랑이들을 들러리 세운
새봄 아가씨가
사뿐사뿐 걸어오며
나를 보고 방긋 웃으면
살랑살랑 불어대는 봄바람도
다가와 속삭이네.

어느새 내 앞까지 가까이 와 있는
새봄 아가씨 맞으려니 부끄러워
내 얼굴이 화근거리네
열일곱 소년처럼 내 맘 설레네
내 맘은 아직 젊은 청춘인가 봐.

새봄은 찾아왔지만 늙어버린 몸은 회춘이 안 온다. 맘은 청춘인데 몸동작이 따라주지 않는다.

새봄이 왔습니다

드디어 새봄이 왔습니다.
기나긴 터널 같았던 깜깜한 밤
긴 겨울밤들을 용케도 잘 견디었습니다.
유난히도 지난 겨울밤들은 길었습니다.

남쪽나라 따뜻한 곳 진주에는 몇십 년 만의
유래없는 큰 눈도 내렸었습니다.
무던히도 강추위가 계속됐습니다.

우리 주님 크신 은혜의 도우심으로
긴긴밤 추웠던 밤들을 잘 견디었습니다.
계속된 추위와 긴긴 겨울밤들과의
싸움에서 승리했습니다.

동창이 밝아오길 바라는 마음으로
자다 깨다 눈감고 수없이 자다 깨다
창문 쪽을 참 많이 바라보았습니다.

깜깜한 겨울밤 지나고 쌓였던 눈들도 보이지 않고
몹시도 추웠던 겨울 추위도 어디론가 다 떠나고
드디어 새봄이 왔습니다.

오고가는 사람들의 미소 가득한 모습들도
고운 옷차림의 연인들이 퍽이나 행복한 게 느껴집니다.

새로 단장한 꽃가게 안으로 보이는 이름 모를 꽃들이
새봄단장 차려입은 아가씨들의
짙게 칠한 입술보다 더 빨갛고 곱습니다.

머지않아 남강 건너 뚝 위에 아지랑이 꽃 필테고
남강길과 진양호 가는 길에 벚꽃나무 꽃봉오리들은
새봄맞이 손님들 기다리고 있습니다.
진주 사람들은 새봄맞이에 모두가 즐거워하는 표정입니다.

선학산의 개나리

심술궂은 꽃샘추위가
북쪽 찬바람을 불러오고
아침마다 찬 서리로 괴롭히지만
이까짓 추위는 참을 수 있다 하네.

선학산 자락에 진달래 벚꽃 가족들은
아직도 겨울잠에서 깨지 않을 때
겨울 가뭄에 목마름과 갈증도 참고
오직 노란 꽃 피우리라 집념이 강하다.

제일 먼저 잠 깨어난 개나리 가족들이
작년보다 손자 손녀 가족들 더 많아지고
노란 저고리 치마 예쁘게 차려입고
선학산 오르는 사람들에게 인사를 하네.

선학산의 봄

매화들이 올해도
터줏대감 자리에 앉았다.
개나리 진달래가 합세해
양지바른 자리에 앉은
매화들을 기어이 밀어내며
자기들이 봄을 대표하는
꽃이라 우겨댄다.
진달래 노란개나리 윤슬 눈부신데
뒤늦게 쫓아 온 벚꽃들이
온 산을 하얗게 덮어 놓고
선학산을 대표하는 봄꽃이라 선포한다.

설날과 입춘

아이 어른 모두 설날이라
좋아하며 설레는 날이지만
행복하고 즐겁다고 할 수 있겠는가.
그렇다고 외롭고 쓸쓸하고
슬픈 날이었다고는 말하지 않으련다.

설날과 새봄아 왔다 가고나면
주름투성이 내 얼굴에 일자 주름살
한 획 줄긋기 하는 것뿐인데 뭐…
설 쇤 지가 며칠인데 벌써 입춘이라고
새봄이 오면 사람들은 그렇게도 좋을까.

입춘도 지났으니 개나리 진달래 벚꽃이 피고나면
여름 가고 가을 오고 가고 겨울 오고
또다시 찾아오는 설을 맞고 나면
내 얼굴에 일자 한 줄 더 그으려 할 것인데
주름살 그을 곳이 더 있으려나.

소꿉놀이의 추억

하얗게 핀 찔레꽃 향기가
작은 누나가 시집 갈 때 바르던
동동 구루 무처럼 진하게 풍기는
양지 바른 언덕배기 찔레나무 밑에
선이와 순이가 신혼살림 차렸다.

꼬막껍데기로 국그릇 만들고
사금파리 깨서 밥그릇 만들고
독새풀 뜯어 나물 맛있게 무쳤었지
삐비 뽑아 비빔국수 맛있게 비비고
찔레 새순 꺾어다가 열무김치 담가
황토 파다 빨갛게 양념도 했다.

사립문 열고 일터에서 돌아오는
서방님 모습이 제법 의젓하다.
여보, 수고하셨어요.
오늘 점심은 비빔국수 맛있게 비볐어요.
냠냠 맛있다. 각시야 물 떠와
선이와 순이네 신혼집에 깨가 쏟아진다.

아직도 봄은

동백 매화가 둘이서 동정 살피러
살금살금 봄의 화신 찾아다니다
입춘대길 봄이 왔다고
떠드는 노랫소리에 깜짝 놀란다.

입춘과 함께 온 동백 매화가
방송카메라에 들켜 버렸다.
이 나라에 봄이 찾아 왔다고
텔레비전 방송에서 떠들어 댄다.

아직 봄의 화신은 다 온 것 아닌데
동백꽃 매화 몇 망울만 왔었다고
겨울 동장군에게 언제쯤 오면 되는지
기별 받으러 왔다고 해도 막무가내다.

아직도 날은 차가운데 봄이 왔다고 떠들어 댄다
겨울 동장군이 정말 화가 났었나
전국에 눈 폭탄 퍼붓고 있다.
동백과 매화가 벌벌 떨고만 있네.

아카시아

올해에도 변함없이
오월의 여왕 아카시아 하얀 꽃
활짝 피었노라고
올해에도 축제마당 열렸다고 꿀벌마을에
그윽한 향기 담긴 편지 전한다.

꿀벌 마을에 꿀벌들 바쁘게 움직인다.
축제마당 늦지 않기 위해
한꺼번에 달려가느라 바쁘다.
아카시아 꽃마을에 꿀단지 선물 받고
꿀벌들이 춤과 노래로 왁자지껄하다.

꿀벌들 윙윙 윙 윙윙 신났다.
빙글빙글 춤추며 노래를 한다.
오월의 따스한 햇볕은 뉘엿뉘엿 넘어가는데
아카시아 꽃마을에 꽃꿀 잔치는 아직까지도 계속되고
꿀벌들의 노래와 춤도 그칠 줄을 모른다.

아카시아 꿀 채취를 하는 꿀벌들의 날갯짓 소리는 한없이 평화스럽다. 나도 몰래 설렌다.

연꽃밭 봄맞이

냄새 나는 진흙 뻘 속에서도
아름다운 꽃을 피우고
진흙땅 속에서도 지탱할 뿌리를 박고
고귀한 열매를 맺을 연들이
새봄을 맞아 열심히 준비를 한다.
흙탕물 묻을까 봐 긴 궁대에
가부좌를 하고 흐트러짐이 없이
수천 연꽃봉우리들도 준비 마쳤다.
가부좌를 하고 세상 사람들에게
뽐낼 날만 기다리고 있다.
진흙 속에서의 시련과 고통을 다 감추고
오직 영롱한 백련들의 세상
그때가 오면 아름다운 미색으로 활짝 웃는
가부좌를 하고 나를 맞아줄
그날을 손꼽아 기다리는 나는
꿈속에 빠져있다.

진주에는 예하리 강주연못 연꽃이 유명하다.

임 오시는 길

우리 님 금의환향 소식 들으셨나.
고운님 잘 오시도록 메마른
대지 위에 단비가 촉촉이
임 오시는 길 적셔 주네

임 오시는 길
굽이마다 어귀마다 이름 모를 예쁜 꽃
앙증맞게 피운 꽃 마중 받으며
임께서 오시는 길
나를 대신해서 반겨주네

비 오고 눈 오고 구름 끼고 어두운 날
십오야 주야장천 수많은 날들을
고운 님 품은 꿈 이루시라고
두 손 모아 기도하는 소리
하나님께서 들으셨네.

입춘

햇볕이 따스한 입춘 날
개울가에 메마른 버드나무에
우듬지마다 물이 오르고
버들강아지 눈뜨는 소리가 왁자지껄하다.

움츠려 있던 개울물이 아랫마을로 향하고
얼어 있던 내 가슴도 뜨거워진다.
바윗돌 아래 잠자던 개구리가
살짝 눈을 뜨고 폴짝 뛸 준비를 한다.

송사리 떼들이 동구 밖에까지
아지랑이아가씨를 마중 나온다.
수줍은 봄 처녀가 얼굴 붉히며
아장아장 걸어오고 있다.

제주 유채꽃

새봄 왕자님과 남쪽 나라 공주님이
결혼식에 늦을세라 바쁘게 서두른다.
노란 황금색 드레스를 갖춰 입은 들러리들이
팡파르를 외치며 빠르게 행진한다.
유채꽃으로 단장한 화동 소년과 소녀 앞세우고
황금물결 물밀듯이 밀려왔다.

마라도를 건너 성산 일출봉을 돌아
조랑말 뛰노는 한라산 자락에까지
노랑나비 무용단과 노래 군들 꿀벌들을
앞장세우고 빠르게 달려온다.
어느새 한라산을 넘어선 유채꽃 들러리들이
제주 온 땅을 다 덮었네.

드디어 새봄 왕자님과 제주 공주님의
결혼식이 시작됐다. 노랑나비 무용단들
너울너울 춤추고 노래꾼들 꿀벌 노랫소리가 윙윙
따뜻한 제주 나라에 아름답게 퍼져 가네.
평화로다. 평화로다. 이 땅 위에 평화로다.
축하의 춤과 노랫소리가 하늘까지 치솟는다.

제주의 봄

봄은 이어도 앞바다에서부터 온다.
해마다 이어도를 거쳐서 마라도에
봄의 화신 노란 유채꽃 마중을 받고서
한라산 자락을 한 바퀴 빙 돌기를 한다.
왕벚꽃봉오리 활짝 피우고 4월이 왔노라고
4월 영령과 가족에게 위로한다.

아닌 밤중에 홍두깨에 맞아 버리고
빨갱이로 몰려 총 맞아 죽은 것도 억울한데
올가미가 숨통 조이며 살았던 칠십년 세월
그 해 벌건 대낮에 벼락을 맞은 제주에
해마다 4월의 봄은 어김없이 찾아오지만
4 ·3 동산에도 봄은 찾아오는가.

우리 모두 새봄엔 진정한 명예 이루자
온 국민의 꿈과 소망을 하나로 묶어
명예회복 이뤄 진실과 화해로 자유 평등 이루고
4월 영령들이 환희와 감격으로 영면하실 수 있도록
좌우가 베풂과 나눔으로 서로 존중하고 사랑하며
꿈과 이상을 펼치자 남북통일 이루자.

4·3 기념사업회에 투고한 글.

진달래(1)

새봄 오면 진달래가
연분홍색 짙은 치마 차려입고
아들딸 거느리고 임 기다리네.
올해에는 그리운 임 오시려나.

새봄 되면 오시겠다던
보고 싶은 임 기다리며
작년 봄 입었던 옷보다
올해는 더 고운 새 옷 입었네.

올봄에도 오시겠지
아들과 딸 손목 꼭 잡고
따뜻한 남쪽 하늘만
하염없이 바라만 보고 있네.

진달래(2)

소꿉친구 순이와 동네골목을
어깨동무를 하고 뛰놀았었지
구랑골 동산에 진달래가 흐드러지면
곱게 핀 꽃 한 송이 순이 입에 넣어주었지
진달래 꽃다발을 만들어
버라버라 순이얼굴에 문지르며
분 발라주라고 빌면
진달래꽃 분가루가 묻은 것을 알고
자지러지게 깔깔거렸던 순이가
지금은 어느 하늘 아래서 나처럼
꼬부랑 할머니 되어있겠지.

찔레꽃

잔인한 달 4월 사람들도 넘기 힘들어 하는
보릿고개 넘느라 날마다 목마름도 참고 견디며
고난의 삶을 스스로 살아갑니다.
농장에 사과나 감, 과일들처럼
사람들의 도움도 받지 않습니다.

꽃 중의 꽃이라고 우러러 받는 장미처럼
목 좋은 자리도 차지 못하고
동구 밖 황무지에서 살고 있지만
이른 봄 제일 먼저 잠에서 깨어
찔레 마을이 푸른 새 옷을 갈아입습니다.

해마다 오월만 되면 찔레마을에
첫눈이 내린 백옥처럼 하얗습니다.
아무도 돌봐 주고 가꾸어 주지 않지만
찔레 마을에 들어서면 그윽한 꽃향기에
나의 기분이 황홀해집니다.

나 어렸을 적 누나가 시집갈 때에 발랐던
내가 좋아하는 분 냄새와 똑같습니다.
하얀 꽃봉오리 찔레꽃 위에 코끝을 대고
한 많은 세상을 짧게 살다간 작은 누나가
시집가던 날 그때를 떠올립니다.

찔레꽃 필 때

보릿고개 넘던 어린 시절
초등학교 다닐 때에
노란색 네모난 양은 도시락에
노란 강냉이죽 얻어먹고.

오후수업을 마치고 집으로
돌아오는 시간은 늘 배가 고팠다
강둑 길가에 흐드러지게 하얗게 피어난
찔레꽃 향기에 취해 찔레나무 숲
아래를 헤집고 다닌다.

찔구를 찾으려고 찔레가지를 헤집으면
깜짝 놀란 개구리가 폴짝 뛰다가
얼굴 위로 떨어지면 나도 놀라고
깜짝 놀란 개구리도 십 년 감수했다며
혼비백산 어쩔 줄 몰라 하며 도망을 친다.

찔레나무 새싹은 다른 나무들보다 일찍 핀다. 보름에서 20일 정도 잎이 앞당겨 피는 바람에 내가 염소농장을 할 때 먹이로 많은 도움을 받았다.

춘삼월 봄비

엊그제 설 쇠고 춘삼월 맞이했는데
벌써 여름이 오려는가 보다.
노인들이 세월을 원망하는 소리에
세월이놈이 데리고 오는 여름을 막아준다며
봄비가 찾아와 위로를 한다.
아침 일찍 수색을 하고 있다.
세월이란 놈이 어디 있느냐
춘삼월과 함께 찾아온 봄비가
아파트에 찾아와서 소리를 내며
여기저기 쑤셔대고 있다.
선학산에 숨었을까 남강에 숨었을까.
촉석루가 있는 진양호까지 수색한다.
봄비가 여기저기 쿡쿡 쑤셔댄다.
세월이란 놈을 혼내줬으니
아직은 봄놀이 꽃놀이 춘삼월 즐기라고 한다.

설마 봄비가 오월 구일 대선에 출마한 것은 아니겠지,

춘삼월을 보릿고개

오랜 세월 대를 이어 넘던
아리랑 보릿고개 부모님이 물려받고
이어받아 대대로 넘어왔던
한 많은 아리랑 보릿고개

삼사월 기나긴 해 잔인한 달
마지막 보릿고개라고 넘던 때가 언제던가
십년이면 강산이 변한다지만
보릿고개 넘으면서 먹고 살았던
잡초 풀들 나물죽이 지금은 건강식품이라네.

옛날에 해마다 찾아오는
호랑이보다 더 무섭던 삼사월이
넘기 싫었던 아리랑 보릿고개가
꽃놀이 상춘객의 천국일세.
세월이 만들어 낸 상전벽해에
추억여행이나 떠나보면 싶다.

보릿고개 하면 보리 구워 먹던 때가 먼저 떠오른다. 요즘 젊은 세대들은 옛날에 우리가 보리나 밀 구워 먹던 맛은 모를 것이다.

춘설(春雪)

꽁꽁 얼었던 대동강물과
한강수가 얼음에 묶였다가 해방되고
겨울잠 깬 개구리가 잠 깬 지가 오래인데
때 아닌 불청객의 횡포인가
꽃샘추위 핍박으로 봄 처녀가 울고 있네.

산수유 매화꽃이 깜짝 놀라
벌벌 떨며 움츠리며 비명이네
춘삼월 눈 폭탄은 아닌 밤중 홍두깬가
삼월 하순 늦은 봄날 대낮에 벼락인가
지금이 어느 땐가 춘분날이 아니더냐.

해마다 눈 내려야 할 계절인데
겨우내 계속해서 비만 오다
새봄 온 지 오래인데 계절을 잊었느냐
갑작스런 꽃샘추위에 동식물이 살겠는가.
때 아닌 눈 폭탄에 천지개벽 오나 싶네.

토끼와 거북이 달리기 경주

강기슭에 아지랑이 덩실 춤추고
매화꽃축제 한마당 열리고 있네.
섬진강을 따라서 오고가는
차량들이 줄을 지어서 낮잠을 즐긴다.
남해고속도로에까지 장사진이네.
완연한 춘분 봄날에
매화꽃 축제 한마당 무르익는데
드나드는 차량들이 경주를 한다.
달리다가 말고 낮잠이라도 자려 하는가.
꿈쩍도 않는다.
저 아래 거북이들은 슬금슬금 기어오는데
축제마당 돌고 나오는 토끼들은
엉금엉금 기어가다가 지쳐 버렸나.
서산에 해는 뉘엿뉘엿 지고 있는데
토끼와 거북이 경주는 아직까지
승부가 나지 않고 있다

순천에 사는 소꿉친구들과 서울에 사는 또 다른 친구까지 함께 순천에 다녀왔다. 남해고속도로에 아예 서 있는 차량이 있는가 하면 갈 때 올 때 거북이 걸음이었다. 광양 다압면에서 벌어지는 매화꽃 축제에 가고 오는 차량들 때문이다.

행복한 봄날

강기슭에서 노란 개나리가
봄바람에 미소 짓고
뒷산에 붉게 핀 진달래가
수줍은 듯 맞아주니 내 맘이 포근타
냉이 향긋한 봄 냄새나는 봄나물에
배가 부르니 양귀비를 품고 있는
당 현종이 안 부럽다.
오늘 저녁에도 남포등불보다
더 밝은 형광등불 밝혀놓고
냉이나물 된장 비빈 향 맡으며
밥상 차려놓고 기다리고 있는
마누라가 있어 노년이 즐겁다

홍매화

해마다 이맘때 2월 되면 홍매화 피네.
설날 색동(色童)들이 때때옷
색동저고리 분홍치마 차려입고
까치설날은 어저께고요.
우리 설날은 오늘이래요.
색동들이 설날 노래 부르고 다니는데
올해에도 변함없이 연지곤지
빨갛게 화장을 한 홍매화가
다른 사랑 찾아 떠나간 임을 기다리네
청매(青梅) 복숭아 살구 모두
사랑 열매 주렁주렁 행복하지만
올해도 설날 해는 저물어 어두운데
오지를 않을 임 기다리네
차라리 연지곤지 닦아내고 잠이나 자지
떠나가 버린 사랑을 기다리는
가련(可憐)한 홍매화여!!

선학산 홍매화는 일찍 핀다. 임을 봐야 뽕을 딸 것인데 홍매화는 꿀벌이 잠을 깨기전에 피니 열매를 맺지 못 한다.

봄 여름

그리고

가을 겨울

여름

가뭄

맹골수에 세월호가 먹히던 날
하늘에 계신 성부 성자 성령님께서
얼마나 우셨는가를 우리는 압니다.

3년 내내 울고 우시던 나날 계속되다
근혜 순실 농단으로 흘리던
눈물이 고갈되었습니다.

세월호가 육지에 오른 모습을 보신
하늘에 삼위께서 기가 막히셨습니다.
울면서 통곡해도 마른 울음만 우실 뿐
눈물이 흐르지 않습니다.

성부 성자 성령님의 눈물이
하늘아래 인간들에게는
단비가 되고 있습니다.

까치와 백일홍

장맛비 그친 이른 아침 햇살이
남강 둑길 백일홍 마을에도 비추고 있다.
백일홍 빨간 꽃 피고 질 때면
황금 들판에 풍년이 온다고
예부터 어르신들께서 말씀하셨지
어느새 새빨갛게 활짝 핀 백일홍들이
올해엔 더욱더 탐스럽고 곱기도 하다.
장마가 물러갔으니 백일홍 꽃 축제가
시작된다고 노래해놓고선
아랫마을 까치들은 서로가 불청객이란다.
깡충깡충 뛰면서 노래하며 춤추다 말고
백일홍 나무 숲길로 날아오른다.
아랫마을 까치들과 싸우고 있다.
축제장 근처는 저네 땅이라 한다.
남북한이 서로 으르렁거리는 것처럼
백일홍 꽃 축제장은 서로 자기네 영역이라며
사람들의 흉내를 내고 있다.

까치들이 영역싸움을 하느라 패싸움 벌이는 것은 보기 어려운 풍경이다.
1년에 세 번까지 꽃이 핀다며 백일홍이라고 한다. 세 번에 걸쳐 피기 때문에
꽃을 보는 기간이 백일이 되는 성싶다.

계절의 여왕

온몸을 날카로운 가시로 무장을 한
독불장군 여왕으로 나눔의 꿀 향기도 없는
화려한 계절의 여왕 장미여
얼굴만 아름답게 치장을 하고
천천만만의 눈총을 받으면 뭘 해,

계절의 여왕이란 칭호가 듣고 싶을까
홀로 오월 한 계절 살다가는 붉은 장미여
권불십년 화무십일홍이란 말도 못 들었을까.
민초들과 소통하며 맘 편안하게
더불어 살았더라면 좋았을 것을

더불어 나누며 살아가는 들꽃처럼
잡초들 틈바구니에서 서로 비비고 자란 민들레는
차이고 밟히면서도 날카로운 가시와
미용 백옥주사와 영양 태반주사 없이도
올해에도 노랗게 피어나 아름답더라.

고추

우리 집 어머니의 텃밭에는 고추들이 자라고 있어요.
파랗고 빨간 주머니들이 만들어지고 있어요.
금돈 들어가라 은돈 들어가라 어머니가 주문을 외며
정성들여 가꾼답니다.
주머니들 안에는 은전과 금전들이 가득 채워지고 있어요.

오늘은 삼남매가 미술준비 해 가는 날입니다.
어머니는 고쟁이 안에 빨간 주머니를 꺼내
동전 두 닢씩 꺼내주십니다.
동생도 공책 사는 날이라며 손 내밀고요.
십원 나오라 뚝딱 오십원 나와라 뚝딱
또다시 고쟁이 속 빨간 주머니가 열립니다.
학교 가는 날 아침마다 동전이 나오고 있습니다.
고추밭에 도깨비방망이 같은 빨간 주머니가 어느새
어머니 고쟁이 속에 들어가 있었을까요.

고향집 여름밤 풍경

옹달샘에 시원한 물을 긷고
사카리알 몇 덩이를 풀면
이보다 더 좋은 음료가 있었던가.
흐르던 땀이 저절로 멎는다.

아침에 꽁보리밥 먹고 나서
점심수제비 먹을 때는 땀방울도 같이 먹는다.
저녁때는 어머니 표 칼국수가 차려지면
거룩한 저녁만찬이 시작된다.

매캐한 청솔가지 연기가
불청객 모기들을 꽁무니를 밀어내고나면
아버지 어머니의 만담이 시작되고
부채들이 덩달아 춤을 춘다.

부채공연은 밤이 이슥토록 계속된다.
어린 삼남매는 막이 내리기 전에
멍석자리 위에서 깊은 잠에 빠져들고
부모님의 부채춤은 밤이 깊은 줄을 모른다.

경남연합신문 문단에 소개되었던 글.

그때 산딸기 맛

나 어렸을 때 어느 여름날 오후
꽁보리밥 양푼에 물 말아먹고
뜨거운 6~7월 볕도 마다않고
엄마는 호미 들고 콩밭에 김 메러 갔다

돌배기 여동생 어르다가 업어주다
해는 아직 중천인데 배가 고프면
부엌에 물동이에 냉수 한 바가지 떠다
사카리 서너 알 풀어서 동생 한 모금 나 한 모금
나누어 마시면서 허기 달랠 때

보리쌀 끓여 저녁 준비하기 위해
바쁘게 달려오시는 엄마 손에는
수건에 싼 빨간 산딸기가 들려있었네
새콤달콤한 맛 그 맛은 환갑 넘은
지금도 잊을 수 없네.

남강 달맞이

백중 보름달 밝기도 하다
남강 둔치에 많은 사람들이 나와
손잡고 걷고들 있네.
해마다 맞이하는 백중 보름달이지만
다른 해보다 더 밝은 것 같네.
팔월 달 내내 내려쏟는 강한 햇볕에
강 건너 동쪽을 바라보고 꽃피운 달맞이꽃
축 늘어져 가엾었는데
백중 보름 달빛에 위로가 되었나.
생기를 되찾아 예쁜 자태로
오는 사람 가는 사람 반기고 있네.
내일쯤 반가운 비님이 오시겠다고
길 걷는 사람들의 얘기를 듣고
달맞이 가족들이 반가워하네.
강둑 길섶에 풀벌레들 또르르 또르
강 깊은 곳에 황소개구리 뚜엉 뚜우엉
갈대숲 가지에 청개구리 개굴개굴
비 온다는 소식에 반가운 화답의 노래
화음이 장단이 맞네.

능소화

차려입은 고운 옷을 또 적시었네.
찾아오는 사람이 있을까봐
담장 밖의 풍경을 살짝 엿보다.
하굣길 개구쟁이들이
조잘거리고 걸어오는 모습을 보고
부끄러워 고개 숙이네.
불청객 7월 장마가
밤과 낮 시도 때도 가리지 않고
예고도 없이 찾아와
어린 능소화를 괴롭히고 간다.
능소화들이 여름장마가 고통스러운가
담장 아래로 발갛게 떨어져있는
모습들이 안쓰럽구나
우리들도 언젠가는 능소화 꽃잎들처럼
장맛비 오는 날 떨어져 가야 할 인생 아닌가.

능소화들은 비를 싫어한다. 비만 오면 꽃들이 속절없이 떨어지고 있다.

달개비꽃(1)

연보라색 가냘픈 달개비꽃이
해님 마주보기 수줍어
큰 호박잎 뒤에 숨어있다.
호박꽃 마을에 맛있는 꿀 준비 한창인
잔치 마당에 꿀벌 손님들이 분주하다.
잔치 마당 드나드는 꿀벌신랑에게
부끄러워 말 못하고 짝사랑하네.
호박꽃잎 뒤에 몸 숨긴 체 별은 어떻게 딸까
수줍어 말 못하고 그리워만 하네.
평생을 연보랏빛 소담스런 작은 꽃으로
정성스런 곧은 절개 변함이 없다.
그리운 임에게 꿀물 한잔 준비 못한
안타까움 가득 안고 일편단심이네

달개비꽃(2)

호박꽃 마을 잔치 마당에
꿀벌 손님들 분주하다.
연보라색 가냘픈 꽃이 너무 작아
부끄러워 담장 그늘 아래 숨었네.

평생을 연보랏빛 작은 꽃으로
꿀벌 서방님만 사랑하리
정성스런 곧은 절개 변함없이
꿀벌 서방님 기다리네.

오늘 오실까 내일 오실까
잔치마당 파한 후에라도 오신다면
달개비 연보랏빛 피운 순정
꿀벌 서방님께 아낌없이 바치리라.

호박덩굴 아래 자리잡은 달개비들이 연보라 꽃을 피웠지만 꿀벌들은 호박꽃만 들랑날랑 바쁘기만 하다.

달팽이

오늘도 하루 종일 햇볕이 쨍쨍
뜨거운 폭염이 날마다 계속된다.
담쟁이 이파리를 방패로 삼고
달팽이가 가쁜 숨을 몰아쉬고 있다.

폭염과 싸우는 달팽이의 모정이 눈물겹다.
목이 마르고 몸이 점점 건조해진다.
오늘 하루를 견딜 수 있을지 기진맥진
기다리지만 비는 내릴 기미가 없다.

오장육부에 남아 있는 액체는
뜨거운 열기에 더욱 진득진득해졌다.
한 방울 남은 체액을 토해내어
짊어진 집에 골고루 바르고 있다.

등에 짊어진 집을 마르지 않게
지켜내야 한다는 일념뿐이다.
삼복더위를 견디고 나면
달팽이 새끼들이 태어난단다.

◇◇◇◇◇◇◇◇◇◇

우리 삼남매가 자랄 수 있도록 달팽이집을 머리에 이고 끝까지 지켜내시다 쓰러진 어머니의 희생은 가히 비교할 것이 없어라.

담쟁이(1)

직벽으로 쌓아 올린 축대 위에는
자동차들이 하루 종일 왔다갔다 바쁘기만 하고
담쟁이 가족들이 둥지를 튼 아래에는
할아버지 아버지 아들 손자들이
대를 이어 족보를 만들고 있다.

사람들의 족보는
위에서 아래로 내려오고 있지만
담쟁이네 가족들은
할아버지가 제일 아래서 눕고
아버지와 아들 그 위에 손자가 눕는다.

담쟁이들이 위로만 오르고 있다.
손자담쟁이가 자동차 길로 뛰어들 태세다.
할아버지가 자나 깨나 걱정이 태산이다.
지나다니는 사람들에게 밟히고
달리는 자동차에 로드킬 당할까 봐 걱정이네.

담쟁이들은 벽 타는 데는 선수다. 콘크리트 벽을 오르다가 한 번도 실수가 없다. 덩굴이 아래로 떨어지지 않는다. 아무리 큰 태풍이 와도 끄떡없다.

담쟁이(2)

우리 집 앞 진주아파트 담 측벽을 따라
담쟁이덩굴들이 하늘을 향해 기어오른다.
자꾸만 자꾸만 위로 올라간다.
천릿길도 한 걸음부터, 시작이 반이다.
유명하신 분의 말씀을 들었나 보다.
야금야금 끈기도 좋다
폭염이 내리쬐는 한여름에도 콘크리트 벽이 뜨거울 텐데
오직 하늘만 보고 야금야금 기어오른다.
마디마다 단단한 체인을 꺼내 콘크리트 벽에 붙이고
거친 태풍이 와도 끄떡도 않네.
아파트 꼭대기에 다 올라가도 물 한 모금 먹을 곳 없고
맛있는 것 아무것도 없을 터인데
땅바닥으로 기어가면은 시원한 물도 먹을 수 있고
맛있는 먹을거리 많이 있건만 외면을 하고
메마른 옥상을 향해 오르고 있다
겨울 추위 막아줄 잎사귀들은 다 떨어지고
딱 달라붙어 있는 덩굴들이
목마르고 추위에 말라 죽었나 살펴보니
내년 봄까지 까딱없단다.
기어이 꼭대기까지 오르겠단다.

때 늦은 여름비

가을의 문턱을 넘으려다 말고
무엇이 그리도 서러웠을까
며칠째 계속해서 눈물 뿌리네.

이왕에 떠나는 길이라면
미련 없이 떠나실 일이지요.
아직도 눈물이 남아 있나요.

지난여름은 비 같은 비가
오지 않았다고 하는 소리와
농심들의 볼멘소리가 억울했었나.

◇◇◇◇◇◇◇◇◇◇

때늦은 여름비가 계속 내렸었다. 올여름 장마철은 비가 오지 않고 건장마 마른장마라 부를 정도로 농민들을 애태우기도 했다.

더 아름다운 꽃

높은 산에 올라서 세상을 바라볼 때나
넓은 바닷가에 서서 세상을 바라볼 때에
두 눈 크게 뜨고 보는 것보다
조그만 카메라 렌즈로 들여다보는 세상이
더 아름답습니다.

동구 밖 오솔길가 배롱나무꽃 숲이
붉은 카펫 속을 걷는 듯 아름다울지라도
수많은 사람들이 밟고 지나간 그늘 진 길가에
이름도 모르는 수많은 들꽃들이 조그맣게
피어 있는 모습들이 더 아름답습니다.

노부부가 외롭게 살다 떠나간
집과 담장이 무너져 내린 집터 위에
해마다 집 지키는 빨간 접시꽃들도 아름답지만
땅바닥에 바짝 엎드려 피어 있는 연분홍 보라색
조그만 이름 모를 들꽃들이 더 아름답습니다.

앞만 보고 위만 보고 세상 걸어갈 때에
아름다운 꽃들이 많이 있지만
조금만 고개 숙이고 아래쪽 쳐다보면
아름다운 꽃들을 볼 수 있습니다.
허리 구부려 쳐다보는 꽃들이 더 아름답습니다.

나팔꽃(1)

지난밤에 별님 달님을 초청해
밤새는 줄도 모르고 재미있었지.
아침까지 나팔 불며 노래하며
나팔꽃 음악회는 신이 났었지

해님이 가만가만 찾아오면
어느새 알고 부끄러워하네.
재빨리 치마를 뒤집어쓰고
숨느라 바쁜 나팔꽃 소녀

오늘밤도 별님 달님 초청을 하고
나팔꽃 마을에 음악회를 연다
뒷동산에 날이 밝은 아침까지
음악회는 계속 되려나보다

해님 찾아왔다 떠날 때까지
어제처럼 오늘도 하루 종일
보라색 치마를 뒤집어쓰고 있네
해님과 포옹은 포기하려는가.

아침 해가 동산 위로 높이 떠오는 음악회가 무르익을 무렵에는 나팔꽃은 치마를 뒤집어쓴다.

나팔꽃(2)

수많은 영혼들에게
이웃을 네 몸처럼 사랑하라고
덩치 큰 나팔을 불며
밤이 깊은 줄도 모르고
세상을 향해 외치고 있다.

항상 기뻐하라.
쉬지 말고 기도하라.
밤새 외치고 또 외쳐 보지만
사람들은 못 들은 척
깊은 잠에 빠져들고 있다.

회개하라. 천국이 가까이 왔다고
아침까지 나팔 불며 외치던
연약한 나팔꽃 가족들이 기진맥진 쓰러지고
해님이 일일이 찾아가서
죽은 나팔꽃들을 위로해주고 있다.

말복이가 떼를 쓰네요

장씨남편과 마씨아내 장마부부네는
초복이 중복이 말복이 아들 셋이
있었답니다.
장마 부부는 아들 셋 삼복이들 데리고
우리나라 금수강산 구경 다 했으니 가야 하는데
막내아들 말복이 더 있다 가겠다고 떼를 쓰네요.
우주 만물 주인이신 하나님께서
가을 입추 보내겠다. 편지 했는데
며칠만 더 있다 가겠다고 떼를 쓰네요.
모든 사람들 삼복이들 때문에
더워서 힘들다고 아우성인데도
막무가내로 며칠만 더 있겠다고 떼를 씁니다.

봉선화

아무도 찾지 않는 담장 구석에서
홀로선 봉선화가 빨간 꽃 피우기 위해
기나긴 낮과 밤 외로운 날들을
참고 견디었습니다.

오후 늦게 잠깐씩 찾아오는 해님을 보고
반갑다고 고개 숙이며 인사를 합니다.
그러나 담장이 막고 있어서 인사도 하다 말고
곧장 서쪽 하늘 쪽으로 해님은 달음박질합니다.

한 달이면 한두 번 밤에만 찾아왔다가
그냥 가야 하는 달님 친구도 아쉬워합니다.
담장이 가로막고 있는 아래서 수많은 낮과 밤을
빨간 꽃 봉선화를 맺으리라 꿈을 꿉니다.

빨간 꽃 봉선화가 주렁주렁 가족 이루는 날
가로막고 있던 담장에게 해님과 달님이
놀다 갈 수 있도록 만남을 허락해 달라고
하늘을 바라보며 기도를 합니다.

선인장

임 기다리고 기다리다
임은 오지 않고
폭염과 갈증과 싸우다 지쳐
마냥 기다림이 한이 되어

선혈을 쏟으면서도
오직 님만 기다리네.
하루 가고 이틀 가고 일 년이 가고.
수많은 세월이 가도

떠난 임은 오지를 않고
흘린 피, 한이 되어
온몸에 가시가 돋아난
그대 이름은 한 많은 선인장

그리운 임 소나기구름 오셔서
한이 되어 돋아난 온몸에 가시를
뽑아 주시옵소서.
기도하는 맘으로 임 기다리네.

선인장처럼 생명력이 강한 식물은 없을 것이다. 아무리 메마른 모래땅이라도 심어만 놓으면 몇십 년을 죽지 않고 자란다.

선학산 나무들은 부지런타

선학산 나무들은
모두 다 부지런타
이른 봄엔 꽃무늬 옷과
여름엔 푸른 옷으로 갈아입는다.

가을이면 또 다시 비단옷
울긋불긋하게 갈아입는다.
겨울이면 홀라당 다 벗고
알몸으로 늘씬한 몸매를 자랑한다.

해마다 피고지고 입었다가 벗고 또 갈아입고
겨울 되면 알몸으로 변함없이 서있다.
봄 여름 가을 겨울마다 되풀이한다.
선학산 나무들은 참 부지런타.

진주에서 산 지 40년이 훨씬 넘었다. 선학산 아래로만 수없이 이사를 다니며 살았다. 선학산을 자주 올라다녀 친구처럼 정이 들었다. 그래서 선학산을 주제로 한 시와 수필이 많다.

선학산 느티나무

선학산 자락밑에 자리한
아름드리 느티나무들이
오늘은 더 푸르다.
모진 비바람 몰고 온 볼라벤 태풍에
옆에 섰던 소나무와 다른 나무들 넘어졌지만
아무 일 없었던 것처럼
푸르른 느티나무들이 바쁘다.
짙은 푸른색 옷으로 몸단장하고
왕매미 노래꾼들을 초청하네.
동네사람들도 모여들어 왁자지껄 좌담회 열 때
선학산 등산하는 사람들에게
땀 식혀 쉬어가라 부르고 있네.
느티나무 잎들이 오늘은 더 푸르다.

선학산 정자 주변에 소나무와 아카시아가 볼라벤 태풍에 넘어졌지만 무사한 느티나무들이 막바지 더위를 보내느라 바쁘다.

수달래꽃

천년이 지나고 다시 또 오백년이 다 되도록
해마다 늦은 봄이 찾아오면
주왕산 계곡을 붉게 물들인다.
후주천왕 꿈꿔 왔던 꿈은 수천리 이국에서
불귀의 객이 되어 억울한 피 흘리니
진달래의 사랑 다 이루지 못해
애달파 흐르는 눈물이 점점이 되어
주왕의 뜨거운 피 흐르는
계곡을 따라 붉은 꽃 피운다.
사람들은 이를 보고 진달래도 아니고
철쭉도 아닌 수달래꽃이라고 불러준다네.

◇◇◇◇◇◇◇◇◇◇

오월의 붉은 피 수달래가 남녘에도 피고 있다. 수달래꽃은 철쭉과 모양이 같다. 계곡이나 개울가, 물가에 핀다고 수달래라 하는지 모른다.

소나기

우르릉 꽝 꽝꽝 우르르 꽝
하늘이 성났다

대낮인데도 칠흑처럼 캄캄하다
또 우르르 꽝

우리 쌍둥이들 눈물방울만큼이나 큰
빗방울이 떨어진다.

가뭄과 무더위에 괴로워하는 사람들의
아우성을 들으셨네.

우르릉 꽝 우르릉 꽝
뇌성 고함 소리에 폭염 무더위 쫓겨 가고
비구름이 몰려오네.

무섭게 시작하더니 뇌성도 멎고 비도 멎고 갈증만 나게 한다. 너무 가물었다. 한 달도 넘게 가무른 것 같다. 연일 뜨거운 날씨만 계속되다가 오늘은 일찍부터 뇌성으로 시작함으로 비가 좀 올 줄로 알았는데 구름이 잔뜩 끼니 시원하기는 하다.

순이네 과수원

동구 밖 순이네 과수원에
복숭아나무에는
예쁜 돈들이 주렁주렁 달려있다
순희 아버지와 어머니가
도란도란 얘기 나누며
달덩이처럼 잘생긴 돈들을
예쁜 꽃바구니에 열심히 따 담고 있다.
금방금방 바구니에 가득 찬다.
흐르는 땀방울을 닦으면서
두 사람이 마주보고 활짝 웃는다
순희네는 좋겠다.
금방 부자 되겠다. 그리고
순희는 시집가겠네.

아카시아의 계절

향기의 여왕 오월의 여왕 아카시아
하얀 꽃 활짝 피었노라고
올해에도 꽃꿀 잔치 열리었다고
멀리멀리 그윽한 향기로 소식 전한다.
산 너머 양지 바른 자락에 줄지어 자리 잡은
꿀벌 마을에 꿀벌들 바쁘게 움직인다.
아카시아 꽃 꿀 잔치 늦지 않기 위해
한꺼번에 달려가느라 바쁘다.
아카시아 꽃마을에 꽃 꿀단지들을
잔치 마당에 전부 내오니
꿀벌들 윙윙 윙 윙윙 노래를 한다.
빙글빙글 춤추며 노래를 한다.
오월의 따스한 햇볕은 뉘엿뉘엿 넘어가는데
아카시아 꽃마을에 꽃꿀 잔치는 아직까지도 계속되고
꿀벌들의 노래와 춤도 그칠 줄을 모른다.

아침 풀잎 이슬

별 아가씨들이
서산 집에 잠자러 가는
달님을 붙잡고 더 놀다 가라며 실랑이하네.

뿌리치고 가는 달님을 서러워하며
별 아가씨들 흘린 눈물들이
광야 풀잎들 위에
방울방울 이슬 맺혔네.

송알송알 눈물 맺은 풀잎들에게
아침 해가 일일이 찾아가 위로하며
따뜻한 햇볕 비춰주니
이제야 방긋방긋 웃고 있네.

앵두

빨간 앵두가 새색시 입술처럼 탐스런 것이
나 홀로 보기가 아까워라
주렁주렁 톡톡 터질 듯이 아름답네.
사랑하는 임 어머니랑 보고 싶네.
그리운 임 오셨으면 좋겠네.

시집 간 누님 입술처럼 빨간 앵두 한 알
임의 입술 안에 넣어주고 싶어라
사랑하는 그리운 임 어머니는 언제쯤 오시려나,
오늘은 오시려나, 내일쯤 오시려나,
그리운 임 보고 싶은 어머니여.

심성 고운 앵두가 화무십일홍이란
그 말을 따르고 있다.
땅바닥에 한 알 두 알 수를 놓네
천국 가신 임 내일은 오시겠지.
잘 익은 앵두 한 알 임의 입에 넣어주고 싶다.

주택 골목길을 걷다보면 담장 너머까지 가지가 뻗은 앵두나무에 주렁주렁 매달린 빨간 앵두알을 보면서 어머니와 고향생각이 절로 난다. 고향집터 장독대 옆에 어머니가 심어놓은 앵두가 땅에 빨갛게 떨어져 있는 모습이 눈에 선하다.

여름비와 가을비

올여름 극성이던
불볕더위 폭염과 열대야가
무서워서 아무소리 못하고
꼭꼭 숨어 있다가

그들이 떠난 후에 찾아온
여름과 가을비 두 연인들이
폭군 여름이 힘들었다며
서로 붙잡고 위로를 합니다.

떠나는 여름비가 눈물 흘리고
배웅하는 가을비도 눈물짓습니다.
밤새도록 토닥토닥
속삭이고 있습니다.

순천 팔마문학 시 부채전시회 작품.

여름은 가고

올여름은 유난히도 덥고도 지루했네요.
가장 덥다던 삼복더위도 겹치기로 오는
장마로 인해 어영부영하다 보면
한여름도 거뜬히 보냈었는데
올여름은 장마도 금방 왔다 금방 떠납니다.
날마다 폭염이 계속되더니
때 아닌 불청객 가뭄 손님이
방방곳곳에 찾아와서는
견우직녀 뿌려대는 눈물 단비도
이 땅까지 못 내리게 막습니다.
백중 처서 손님 갖고 온 가을 편지에
울며불며 눈물 뿌리며 불쌍한 여름은
먼 길 떠나갑니다.

여름에 피는 꽃

호박꽃도 꽃이냐는 비아냥거림은
듣지도 못한 척했습니다.
벌 나비들에게 달콤한 꿀을
나누어 줍니다
삼복더위와 무더위도 아랑곳않고
벌과 나비에게 열심히
달콤한 꿀을 모아 줍니다.
아침 일찍 낀 안개로 앞이 안 보일 때도
그윽한 향기로 꿀벌들의 등대가 되어줍니다.
날씨 무더운 여름날에는
멀리서도 잘 보고 찾아오도록
더욱더 아름답게 몸치장하고
그윽한 좋은 향기로 몸을 부풀려
크게 피어 있습니다.

연못의 아침풍경

동네 앞 버드나무 숲 아래 습지에
송사리 떼 헤엄치며 놀다 떠나간 자리에
한동안 아무도 찾아오지 않고
가끔씩 어린 개구리들도 수영하다가
어디론가 가버립니다.
둥근 가시연 식구들이 기지개를 켜고
비좁을 것 같아도 사이좋게 살아갑니다.
새벽이슬 내리는 이른 새벽부터
물방울 모으느라 분주하기만 하고
이웃집에 양보하고 배려하며
한두 방울 물방울만 소유합니다.
버드나무 사이로 아침 햇빛이
모두에게 찬란하고 아름답게 비추고
옥구슬 수정구슬로 만들어주니
동구 밖 마을 연못에 가시연 식구들이
일제히 환호합니다.

왕 매미

기나긴 날과 밤 수도생활
칠 년의 세월 동안
밝은 세상 그리워서
그 얼마나 피 토하고 울었던가.

광명천지 나무숲 찾은 첫날부터
여름 한 철만 살다 가라고
시한부 통보받고 보니 슬프고 서럽다.
누가 그랬던가. 기가 막히면 눈물도 안 나온다고

날마다 대성통곡하건만
마른 울음소리만 구슬프다
땅속 세월 칠 년 동안 눈물 다 쏟은 왕매미가
눈물 없는 울음소리만 점점 더 커진다.

한 해 여름 잠깐 살기 위해 땅속에서 굼벵이로 7년을 머무르다 매미가 되지만 일주일밖에 살 수 없다고 한다.

오월은(1)

오월은 푸르다.
온통 푸르다.
산과 들 하늘도 푸르고
개구쟁이 때처럼 내 맘도 푸르다.

오월은 꽃의 계절
도시마다 동네마다 빨간
계절 여왕 장미꽃 세상이다.

오월은 향기의 계절
동구 밖 산자락마다 흐드러지게 하얗게 핀
내가 사랑하는 아카시아 꽃향기가
온 세상에 흩날릴 때 내 마음도 따라간다.

5월은 꽃도 많지만 기념일도 많다. 근로자의 날, 어린이날, 어버이날, 스승의날, 성인의 날, 부부의 날 등.

오월은(2)

오월은 아카시아 계절
오월은 장미의 계절
오월은 실록의 계절
잔인한 달 사월에서 해방되는 달
계절의 여왕이라고 말합니다.
멀리서도 풍기는 아카시아 꽃향기는
그대를 생각나게 합니다.
아카시아 꽃향기와 하얀 꽃잎이
바람에 날릴 때 나를 찾아왔습니다.
막 피어난 덩굴 장미꽃들이
우리 집 담장 위를 덮을 때
그대는 서울로 떠났습니다.
붉게 핀 장미 한 송이 그대 손에
쥐여주지 못했었습니다.
올해에도 실록의 계절 오월은
계절의 여왕이라고 노래하는 오월은
속절없이 지나가고 있습니다.

그 사람은 40년이 지나고 또 몇 년이 지나 지금은 어디서 만난다 해도 알아보지 못할 것 같다.

유월 장미

장미의 계절 오월을 유월로 이사하는 달이다.
유월로 떠나가기 싫어서 발버둥을 친다.
백 년 만에 찾아온 폭염 유월은 싫다고
꽃 중의 왕 장미가 떠나기 싫다고 한다.

한낮에 내리쬐는 뜨거운 태양은 계속된다.
유월의 초입을 알리는 태양열이 너무 뜨거워
목마르다고 아우성치는 풀과 나무의 기도소리
하늘에서 들으셨나 보다.

굵은 빗방울로 낮과 밤에까지 내리는 비는
오월의 여왕 장미에게는 견디기 힘든가 보다
밤에까지 내리는 비는 견디기 힘든 차가운
빗방울이라며 장미가 또 불평이다.

여름을 알리는 유월 단비라고 풀과 나무들은 좋아하지만
비를 싫어하는 오월의 여왕 장미는 괴롭기만 하다.
그 아름답던 얼굴 모습 광채는 어디로 가고
오월의 여왕 붉은 장미가 날로 지쳐만 간다.

빗물을 머금은 덩굴장미들이 머리가 땅에 닿을 듯 아래로 처박힐 것만 같다.

잡초

비탈진 오르막 오르느라 숨이 찰 때도
바위 위에 자리 잡은 잡초를 바라봅니다.
내리쬐는 태양에 목이 말라도
바위틈새에서 자라는 돌나물들 보고
우리는 교훈을 얻습니다.
한 줌의 흙도 없이 한 모금의 물마저 없어도
아무런 불평도 없이 푸름의 자태를 뽐냅니다.
세상살이 인생길 달려가다가 피곤할 때는
사람들이 다니는 길바닥 위에 이리 밟히고
저리 밟히며 온갖 모진 고초를 당하였지만
꿋꿋이 참고 견디어 내는 잡초들을 봅니다.
밟혔다 일어나는 질경이와 토끼풀을 보며
잡초처럼 칠전팔기해야 하는 교훈을 얻습니다.

장맛비(1)

모두가 다 장맛비라고만 생각하고 있었는데
빗방울이 점점 굵어지고 있다.
조금씩 내리다말고 내릴 줄로만 알고 있었는데
베란다 창문 쪽에 부딪치는 빗방울 소리가 점점 요란해진다
우리 아파트 뒷길도로에 각종 차들이 지나가면서
일으키는 물보라의 빗물소리가 점점 요란해진다
지난번에 봄 처녀 반기며 내렸던 봄비는
돌배기 우리 쌍둥이들 낮잠 자는 데 방해될까 봐
아무 소리도 없이 살짝살짝 곱게 내리더니
얼마 전에 장미꽃 축제 때에도
장미의 계절 초여름을 알리는 축하의 노래로
하루 종일 들릴 듯 말 듯 내리더니
오늘 아침부터는 쉼 없이 베란다 창문을
세차게 두들겨 대고 있다.
장맛비라 부르지 않고 폭우라 부르리라
논과 밭에 나락과 고추 참깨를 심어놓고
풍년 농사 기다리는 농심을 애타게 하면
고운 비라 감사했던 마음도 다 버리고
맘씨 고약한 폭우라고 부르리라

장맛비(2)

장마철 장맛비가 폭우가 되어
사람들의 보금자리를 통째로 삼키는가 하면
골짜기에 바윗돌과 흙더미를 굴리다가
평화스런 노부부 집을 덮쳤다 하네.

유유히 흐르던 한강물도
며칠째 굶주린 맹수처럼
잠수교도 통째로 삼키더니
사람들이 일일이 표시해놓은
위험순위 눈금들을 야금야금 삼키고 있구나.

위쪽 지방에 내리고 있는 장맛비야
아래 남쪽에도 골고루 가져다 다오
날마다 계속되고 있는 폭염 속에서
바짝 마른 대지 위에 풀 나무들의
갈증도 고루고루 풀어 주려무나.

장미

아름다운 장미꽃을 바라보다가
품에 안고 싶었습니다.
몸에 가시가 있어 사랑의 포옹을
할 수도 없었습니다.

빨간 장미꽃 아름다워서
코끝을 가까이 해보지만
아무런 향기도 없었습니다.
꿀벌 나비 친구들도 외면합니다.

아름다운 화려함에 다가갔지만 갔지만
내 맘을 주기가 싫었습니다.
빨간 장미 홀로 고독하고 외로워하다
생을 마감하고 말 것입니다.

칠월에 핀 덩굴장미

뜨거운 태양열을 구름 사이로
맹렬히 쏟아내고 있습니다.
조금 전까지만 해도 한 바탕 소나기가
내릴 것만 같았습니다.
계절의 여왕 오월
장미의 계절이 지나갔지만
칠월에 핀 덩굴장미는 감히 꽃 중의 꽃이라며
돌연변이가 아니라고 외쳐댑니다.
세상이 덥다며 아우성 속에서도
뜨거운 태양열이 마구 쏟아져도
칠월에 핀 덩굴장미꽃은 더욱더
붉게 피어 세상을 호령하고 있습니다.
꽃 중의 꽃 장미는 폭염과
열대야는 아랑곳 하지 않습니다.

한 송이 백련화(1)

날마다 내리쬐는 폭염 때문에
탐방객들도 뜸해진 산사 연못에
눈부시도록 하얀 자태 뽐내던
외롭게 핀 한 송이 백련화
그렇게도 아름답던 모습이 하루가 다르게
기력이 쇠잔하고 빛을 잃어 가고 있네요.
여름 내내 찾아주던 꿀벌마저 찾아주지 않으니
기도하러 다니는 사람들이 그립더냐.
날마다 밤새도록 노래하는 청개구리가 그립더냐.
아니면 먼 길 떠난 임이 그립더냐.
외로움과 고독에 지친 한 송이 백련화가
계절의 섭리에 순응하듯
가을을 알리는 처서 편지 받아보고
내년에 더욱더 아름답게 치장하고 다시 오겠다고
남은 기력을 다해 눈짓하네.

한 송이 백련화(2)

올여름 폭염과 가뭄 때문에
사람들은 힘들어할 때
한 송이 백련화는 날마다
싱글벙글 자태 뽐내었었지.
시원한 물속에 대궁을 박고
그 위에 앉아 가부좌를 하고
부처님께 기도하는 것처럼 하고 있으나
느티나무 숲에서 공연하는 왕매미들의
노랫소리 듣기 위함처럼 보이는구나.

해바라기

담장 밑에 선 해바라기
어느새 키가 많이 자랐구나.
동그란 보금자리 안에 아들딸들은
옹기종기 겹겹이 원을 그려 줄 세우고
수백도 넘는 자녀들 키우느라 고생했겠네.
한여름 배에 품은 어린 자식들을
키우느라 힘들었겠다.
가을바람 산들바람에 쑥쑥 자란 해바라기가
어느새 키가 담장보다 높아졌네.
동네 강아지들 술래잡기하며
텃밭에 고추들이 빨갛게 익어가고 있는
담장 밖 풍경을 구경하는 재미에 빠졌구나.
해님은 서산을 향해서 가고 있지만
담장 밖 바라보던 해바라기는 정신이 없네.
이제야 서산 향해가는 해님을 같이 가자고 부르고 있네.

해바라기를 닮아보자

날마다 태양이 이글거린다.
사람들은 불볕더위라고 한다
또 어떤 사람들은 폭염이 계속되고 있다고도 한다.
그러나 해만 바라보면서
희망을 키워나가는 해바라기를 보라.
목말라 쓰러진 잡초들은 아랑곳하지 않고
뜨거운 해를 바라보면서 둥글둥글한
꿈을 키우고 있지 않은가.
한여름 뙤약볕에도 키가 제일 크게 자란 해바라기를 보라
높은 산을 오르는 자가
땀을 흘리지 않고 오를 수가 있는가
넓은 사막을 횡단하려는 자가
목마름이 없이 꿈을 이룰 수가 있겠는가.
꿈을 키우려는 자들아 이리로 오라
햇살이 잉그락 불처럼 뜨거운 태양 아래
하루 종일 해만 바라보는 해바라기를 보자
해님을 닮아가려고 하는 숭고함을 보라

해바라기 꽃씨가 영글어 가는 모습을 보면 해처럼 느껴진다. 방긋 웃는 해님 그림이 연상된다.

호박꽃

호박꽃도 꽃이라더냐
비웃으며 조롱을 마라
아침 일찍 늦잠꾸러기들이
잠들어 있을 때에 노란 꽃 크게 피우고
달콤한 꿀 가득 담아와 꿀벌들에게 보시를 한다.
호박꽃도 꽃이냐고 사람들의 비웃음도 아랑곳없이
아침 일찍 꿀벌들 불러 모아 잔치를 연다.
달콤한 꿀 잔치 한창일 때에
어느새 아침 해는 중천에 오면 지치고 만다.
내리쬐는 한여름 뜨거운 햇볕을 더 이상
견디지 못한 큰 꽃잎들이 속절없이
맨땅 위로 떨어지고 있는
거룩한 호박꽃의 희생을 보라

한여름에 꿀벌이 살아가는 데 없어서는 아니 될 꽃이다. 화분과 꿀을 제공하는 여름꽃은 호박꽃 외에는 별로 없다.

홀로선 단풍나무(1)

대단지 아파트 담을 따라
일렬로 늘어선 벚꽃 나무들마다
흐드러지게 활짝 핀 꽃숲 이뤄
그윽한 향기로 꿀벌들의 시선 모읍니다.
홀로선 단풍나무는 늦게야 겨우
잎망울 조금씩 내밀었다오.
이웃한 장미 넝쿨이 꽃물결 때문에
빨간 색깔 고운 옷 차려입고 치장했어도
사람들의 시선을 받지 못하네.
한여름 뜨거운 태양열 피해 인기가수 매미들은
벚나무들 숲속으로 달려들 가고
사람들도 모두 사시사철 빨간 고운 옷 입은
홀로선 단풍나무 시선을 외면하네.

내가 살고 있는 아파트 화단에 있는 단풍나무에 시선을 주는 사람이 없다. 빨간 덩굴장미에만 관심이 있다. 단풍나무가 사람들의 시선을 받으려면 가을이라야 한다.

가을

가는 그대

해마다 따뜻한 봄이 오면
아름다운 꽃들과 아지랑이
푸른 새싹들의 축하를 받으며
수많은 친구들과 함께 왔다가

올해에도 당신은
영락없이 떠나는군요.
어디로 가시는지 말없이
떠나는 계절당신은 야속합니다.

서산에 해가 질 때쯤이면
벌써 한기가 느껴집니다.
가시려거든 혼자 조용히 가실 일이지
떠나기 싫어하는 철새와 꽃과 단풍 모두
어이해서 데리고 가시려 합니까.

정녕 당신은 기어이 올해에도
한마디 말도 없이 계절당신은 떠나렵니까.
동지섣달 눈 내리는 긴긴밤들을
외롭고 쓸쓸하게 보내게 하시렵니까.

가을(1)

올해에도 가을이 찾아왔다
베란다에서 귀뚜라미 우는 소리
거리에 사람들의 설렘도
작년에 듣고 보던 그대로다.

높고 맑은 가을 하늘
코스모스 한들한들 춤을 추는 모습이며
시인들의 부르는 노랫소리도
작년에 듣던 그대로다.

내년에도 가을은 또 오겠지
노랑 빨강 고운 비단옷을 준비해서
작년에 찾아온 가을이
올해에 찾아왔던 그대로 또 오겠지.

가을(2)

임께서 오실 줄 알았습니다.
수많은 낮과 밤을
가마솥 찜통 속에 던져지고
인둣불 같은 폭염으로 나를 고문했습니다.
고통스런 나날들을 오직
임을 기다리며 참아냈습니다.
낮에는 불볕더위로 밤에는 열대야로
가해오는 고난은 참을 수 있었지만
임 그리는 외로움은 견디기 어려웠습니다.
드디어 임께서 오셨습니다.
산들바람을 대동하고 살랑살랑 춤을 추며
사랑하는 당신이 오셨습니다.

가을 낙엽

깊어가는 가을밤 달빛이 길게
감나무 사이로 비추이는데
약속한 가을바람이 찾아와서
발갛게 멍든 나뭇잎들에게
바쁘니 빨리 가자고 재촉하네.

어디로 가자는지 알고 싶어
가는 길이 어디냐고 물어봐도
막무가내로 어서 가자고 재촉하네.
야위어 가늘어진 스무사흘 하현달이
가을바람에 끌려가는 낙엽을 애처로워하네.

오막살이 마루 밑까지 굴러온 낙엽이
다시 마당 구석으로 끌려 나와서
가을바람 따라가기 싫다고 울면서
이리갔다 저리갔다 뒹굴기만 하네.

가을과 단풍의 슬픈 이별

도심 속 깊은 공원과 아파트 단지에까지
빨간 단풍잎들 너무나 곱다.
울긋불긋 단풍잎과 가을은 환상의 연인
이들의 사랑이 깊어만 간다.

이들의 사랑은 점점 뜨거워진다.
길 가는 연인들도 발걸음을 멈추고
아! 아름답고 곱기도 하다고
이구동성으로 외쳐댄다.

그러나 지금은 십일월도 중순이 지난
계절의 섭리에 순응해야 한다.
북녘에 첫 얼음이 얼었다 하는
슬픈 소식만 들려온다.

지금까지 버텨온 가을과 노랑 빨강
단풍잎들이 서로 껴안고 운다.
사람들은 이별을 슬퍼하며 흘리는
뜨거운 눈물을 가을비라고 불렀다.

가을 들판

허수아비 졸고 있는 황금들판에
금의환향 바라는 벼이삭들이
황금 채색 옷을 갖추어 입고
열과 횡을 맞춰 줄을 서 있네

때맞춰 비를 주시고 햇볕 주시고
옥동자 잉태하게 해주신 은혜에
모두 다 공손하게 고개 숙이고
고맙다며 하나님께 인사를 하네.

먼 바다에서 올라오는
태풍 진로 막아주신 하나님께
벼 이삭들 모두모두 머리 숙여
공손하게 머리 숙이네.

가을 무상

가을이 깊어갈수록
왠지 쓸쓸해진다.
지난여름 폭염과 태풍에도
푸르기만 하던 아카시아 나뭇잎이
가을비에 한 잎 두 잎
속절없이 떨어져 내리는 모습이
나를 더 쓸쓸하게 한다.
잠시 가을비 멈췄건만
쌀쌀한 바람이 불어오고
하염없이 끌려가는 나뭇잎들이
나를 붙잡아달라고 애원하는 것 같다.
속수무책 떨어지는 낙엽을 보니
내 인생이 예사롭지 않네.
아! 나의 다사다난했던 인생길도
황혼길로 들어서야 하는가 보다.

가을을 맞고 보니

오래전에 누가 말했던가.
사람이 태어나서 삶을 말하기를 아침밥을 짓는 집에 연기와 같고
아침나절 호수에 피어오르다가 사라지는 아침안개와 같다고.

푸른 잎들이 벌써 붉게 얼병이 드는 모습 보니
나의 삶을 본 듯 예사롭지 않네.
이른 봄 푸른 비단 새 옷으로 치장을 하고
아름다운 꽃을 피워 열매를 맺고 아들딸들과
천년만년 살겠다는 꿈은 어디로 갔나.

계절마다 철따라 아름다운 꽃들이 피고
동산 아래로 개구쟁이 뜀박질하며
시냇물 흐르는 언덕 위에 그림 같은 집을 짓고
사랑하는 아내와 자식들과 깨벗쟁이 동무들과
천년만년 살렸다. 노래했었네.

지금은 찬 서리 얻어맞은 가을 나뭇잎들처럼
어느새 살아버린 젊었던 그때는 일장춘몽이라
행복을 꿈꿨던 나의 젊음을 찾아 떠나고 싶다.
허망하기만 했던 가버린 세월들을 좇아
어디론가 떠나려는 가을을 따라 떠나고 싶다.

가을바람

가을바람 때문인가
내 마음은 외롭고 쓸쓸하다
소슬바람 지나는 길목마다
나뭇잎들이 서러운 듯 뒹굴고 있네.

가을바람에 나뭇잎들이
서러워 우는소리에 나도 덩달아
그리움과 서러움이 하나둘 다가와
내 가슴에 차곡차곡 쌓이는구나.

가을바람을 타고 돌아올 기약 없이
먼 길 떠나는 나뭇잎을 멍하게
바라보고 있노라니 괜스레
내 마음도 울컥해진다.

가을밤 가을비

아직도 다 하지 못한 얘기가 있나
밤이 깊어가는 줄도 모르고
창밖에서 도란도란 속삭이고 있다.
떠날 때는 말없이 뒤돌아서는 것이라고
미련을 두지 말라고 하는 얘기를 듣지 못했나
밤새워 속삭이다가 이제는 흐느끼고 있다.

견우와 직녀가 일 년 동안 기다림 끝에
다시 만나 진한 사랑놀이하는 것처럼
내년에 다시 만남을 기약하지
못다 이룬 사랑 아쉬움은 뒤로 미루고
미련 없이 보내주면 될걸
하염없이 굵은 눈물을 뿌려대는가?

어차피 가야 하는 임이라면
안녕하며 손 흔들어 줘야지
조금 있으면 먼동이 트고
사람들이 잠에서 깨면 어떡하려고
떠나려는 가을을 붙잡은 채
눈물방울이 더 굵어지고 있다.

가을밤의 꿈

잠자리에 누웠는데, 잠은 오지 않고
가을밤은 자꾸만 깊어갑니다.
왠지 외로움 달랠 길 없어
꿈속에서나마
옛날을 그리워하며
어렸을 적 내가 자란
고향 동네를 찾았습니다.
기찻길 옆 오막살이 우리 집은
어디로 가고 흔적도 없네.
오두막 집터를 홀로 지키는
감나무에 발갛게 익어가는
감들 사이로 빨간 홍시가 나를 반깁니다.
형제자매가 나고 자란 오두막집은
어디로 갔는지 흔적도 없고
연분홍빛 코스모스와 하얗게 핀 망초 꽃이
나를 반갑게 맞아줍니다.

가을비(1)

사과 배 과수원에 익어가는
과일들을 들어다가 내동댕이치고
황금들판 벼 이삭들은
몰아다가 짓이겨놓고
아직도 성이 차지 않았나.
고층 아파트에 유리 창문을 박살내려는 듯
기세등등한 카눈 볼라벤 덴빈 산바라고
이름 붙여진 폭군형제들이 늙었나 보다
마지막 가는 길을 깨닫고 회개했다 하네
착한 가을비 되겠노라고
목말라라 하는 무밭, 배추밭에
하루 종일 소리 없이 내리고 있네.

가을비(2)

가을에 오는 비는 왜 모두들 쓸쓸해할까.
백발노인 황혼길 가야 하니
애꿎은 가을비가 원망스러운 것은
천 번 만 번 이해하건만

청춘이 구만리 같은 젊은이들이 왜 쓸쓸해하는가.
늙은이들이 가는 황혼길에
속절없이 떨어져 내리는 낙엽들을 울면서 밟고 간다.

가을비 맞으면서 황혼길 걷는 쓰라림이
단풍으로 영예도 다 누리지 못하고
속절없이 지는 나뭇잎과 같은 신세
지난 젊은 날은 신기루와 같은
꿈만 꾸다 황혼 인생길로 들어서네.

젊은이들은 덩달아 쓸쓸해하지 말고.
쌀쌀한 가을비 오거들랑 푸른 소나무 밑에 들어가
궂은 비 피하고 길 떠나도 앞길이 창창하지 않겠는가.

가을비(3)

가을비는 해마다 찾아오는
동장군의 선발대로 차갑기만 하다.
봄비는 새싹이 돋게 하며 꽃이 피게 하고
꿈과 희망을 주지만
가을에 내리는 비는 외로움과
쓸쓸함을 갖고 온다며
아무도 반겨주지 않는다.

황혼길 가는 사람들에게는 모두 다
싫어하는 불청객이다.
어릴 때 헤어진 소꿉친구들이
보고 싶어 그리워진다.
세상 떠나신 아버지와 어머니도 보고 싶고.
멀리 먼 길 떠나버린 누이가 그리워라
괜스레 외롭고 쓸쓸해진다.

가을비 멎은 오후

가을비 멎은 오후에
하늘에 하얀 솜구름 어디론가
바쁘게 흘러간다.
빨강노랑 울긋불긋 은행나무 단풍나무 잎
색동옷 차려입은 지 며칠뿐이었는데
어디에서 왔는지 불청객 차가운 가을바람이
매우 성난 것처럼 보인다.
고운 색동 옷 받아 입은 지 얼마 안됐다고
며칠만 더 있겠다고 버텨 보지만
속절없이 끌려들어가네.
힘 약한 단풍잎 완강히 버텨 보지만
성난 가을바람이 사정없이 끌어다가
흙탕물 위에 내동댕이치네.

가을비와 은행잎

지금 내리는 궂은비는
굵은 비도 아닌 것이 이슬비도 아닌 것이
어제부터 오늘까지 추적추적 내리는 비가
때 늦은 가을비인가.
초겨울이 시작되는 알림 비인가.

노란단풍 은행나무 이파리들에게는
견디기 힘든 궂은비가 되고 있다.
점점 무거워져 힘들어한다.
더 이상 삶을 포기하고 생명 줄을 놓아버린다.
하염없이 떨어져 쌓이고 있다.

아직 장례를 치르지 못한 시체들 위에
차곡차곡 눕고 있다.
듬성듬성 서있는 가로수마다
아쉬운 삶을 살다간 시체들이
겹겹이 쌓이고 있다.

가을 산

깊어가는 가을 산에
그림그리기 대회가 한창이다.
귀여운 아기 손바닥만
그리기 대회인가 보다.

다섯 손가락 모두
빨간색만 칠하고 있다.
손바닥에도 빨간색만
칠하고 있다.

골짜기 전체가 모두
빨간색 그림이다.
가을 산에 경연대회 참가한
화가들은 빨간색만 좋아하는가 보다.

가끔 노란색 그림을 그리는
화가도 있다.
빨간색 물감이 떨어졌나 보지
빨강노랑 조화가 맞다.

가을 산책 여인

가을비 멎은 호수공원을
빙 한 바퀴 돌았습니다.
가을 단풍 벚나무와 고운 노을빛을
그대로 껴안은 호수가
참 아름답습니다.
마지막을 알리는 가을 찬바람에
나뭇잎들이 먼 나라에 가기 싫다고
호수 위에 사뿐사뿐 내려앉고 있네.
빨간 단풍잎 예닐곱 잎들이
벤치에서 짝을 이뤄 먼 길 떠나기 위한
작전회의 방해될까 봐
다른 벤치를 찾고 있는 산책 여인은
아직도 꿈 많던 소녀적 그대로입니다.

가을에 오는 비

가을에 오는 비는 해마다 찾아오는
동장군의 선발대로 차갑기만 하다
가을에 내리는 비는
외로움과 쓸쓸함도 같이 온다.
아무도 반겨 주지 않는 불청객이다

꽃샘추위 삼복더위 폭염 속에서
혹독한 산고를 치른 끝에 어렵게 탄생시킨
오색의 열매들과 푸른 나뭇잎들도
자연의 품속으로 떠나기 위해 하나둘
엄마나무 품을 떠날 준비를 한다.

오곡백과 꽃과 풀 나무들 벌과 나비
동물들도 모두 사람들의 모습과도 같다
육신의 수명이 다하고 흙으로 돌아가듯
가을비가 갖고 온 가을 편지에
흙으로 돌아가기 위한 준비를 한다.

가을에 핀 개나리

산에는 온통 단풍이 붉게 물들고
사람들이 모여 사는 거리에는
곳곳마다 노란 은행나무 붉은 단풍이 좋아
만추(晩秋)의 상추(爽秋)를 즐기려고
가는 곳마다 인산인해다.

사람들을 따라서 소풍 나온 아기 개나리들이
짙은 국화향이 진동을 하고
물밀듯이 밀려드는 상추 객들 때문에
붙잡았던 엄마 아빠의 손을 놓치고
미아가 되었나 보다.

내일 모레면 곧 눈 내리는 겨울이 오면
얼음 얼고 날씨가 추워질 텐데
어쩌다 소풍 길에 엄마 아빠를 잃었나.
개나리 미아들이 울상이구나.

해는 점점 서산을 향하고
해가 지고 캄캄한 밤 되기 전에
엄마 아빠를 찾아야 한다.
어린 미아가 된 개나리들이 오늘 밤
춥고 무서울 거라고 걱정을 한다.

가을은

가을은 사람들을
높은 하늘을 쳐다보게 하고
오곡백과를 먹게 해서
몸과 맘을 살찌게 만든다.

가을은 사람들을
곱게 물든 나뭇잎을 즐거워하다가도
떨어지는 단풍잎을 보면서
외롭고 쓸쓸하게도 한다.

가을은 사람들을
문자 편지를 쓰게 하며
코스모스 꽃길을 걷게도 하고
국화꽃 향기를 맡게도 한다.

가을은 사람들을
개그맨을 만들었다가
금방 연극배우로 만들기도 하며
시인을 만들기도 한다.

가을이 오고 있습니다

지루하기만 했던 여름이 가는가 봅니다.
오늘 새벽에는 오랜만에 처음으로 홑이불을
꺼내 덮었습니다.
창문을 여니 시원한 아침 공기가
나를 상쾌하게 맞아줍니다.
올해 칠월 팔월 여름은 지루했습니다
날마다 내리쬐는 폭염과 가뭄으로
자연과 사람 모두 고통스러워했지만
하나님께서는 온 대지 위에 그리고 풀과 나무
사람들의 목마름을 외면하지 않으시고
이 나라 고루고루 단비를 주시니 감사합니다
시원한 산들바람에 오곡백과 영글어 가며
논에는 벼알들이 여물어 가고
밭에서는 참깨며 빨간 고추 따느라 바쁘고
배와 감 대추가 하루가 다르게 커가고 있네요.
농부들 풍년 농사에 맘 설레고
해마다 찾아오는 태풍손님 불청객 올해에는 오지 말라고
한마음 한뜻으로 기도합니다.

가을 잎새

뜨거웠던 칠팔 월 태양에도 끄떡하지 않고
성난 태풍의 모진 공격에도
끄떡하지 않고 늘 한결같이
푸르름을 지켜 왔었는데

깊어가는 가을을 처량하게 울어 대는
귀뚜라미 울음소리에 서글퍼진다.
하루 종일 소리 없이 내리는 차가운 빗방울에
떠날 때는 조용히 가야 한다며

먼 길 재촉하는 편지라고 깨달았네.
불그스레한 색동저고리에
누르스름한 바지를 갖춰 입고
먼 길 떠날 준비 하느라 바쁘게 서두르네.

가을 장미

깊어가는 가을은 어디까지 가려는 것일까
담장 위까지 있는 힘을 다해 올라왔건만
자꾸만 가는 가을이 원망스럽다.
온갖 꽃들이 만발한 새봄과
한여름 실록의 계절에도
계절의 여왕 꽃 중에 꽃이라고
모두에게 찬사를 받고 살아온 장미
지난밤 깊은 가을밤 내내
홀로 핀 장미가 덜덜 떨면서
앞장서 가고 있는 가을 손님에게
떠나기 싫다고 하소연한다.
바짝 웅크린 외로운 장미가
엄동설한을 끝까지 버티겠노라고
내년에 아지랑이 대동한 임
새봄이 올 때까지
끝까지 남아 기다리겠노라고
내년에 사랑하는 임 찾아오면
그대 품속에 안기겠다고 다짐을 한다.

가을 편지

빨강 파랑 노랑 고운 비단옷
아직 갈아입지 못했습니다.
작년 가을에 입었던 비단옷들은
계절의 주인께서 다 거두어 가시고
지금은 새봄에 주신 푸른 색깔 옷
그대로 입고 있습니다.
봄 여름 가을 겨울 사시사철 일 년 내내
이대로 푸른 옷이 좋다고 했습니다.

얼마 전에 가을 전령사의
편지를 받았습니다.
내일모레 보내는 가을비에
깨끗이 목욕하고 기다리래요.
작년 가을에 입었던 옷들보다 더
아름다운 옷을 만들고 있다고
내일모레쯤 아름다운 비단옷
가을바람 통해서 보내 주신다는
가을편지를 받아 읽기가 두렵습니다.

가을 풍경

고풍 건물을 꼭대기까지
힘차게 뻗어 오르다 멈춘 담쟁이덩굴이
하늘에서 보내신 채색 옷을
순종하는 맘으로 빨간 옷 갈아입었소.

올여름 뜨거웠던 태양도
사납게 몰아치던 태풍에도 끄떡 않고
푸름으로 버티던 은행나무도
노란 옷으로 받아 입었소.

한 그루의 소나무 외롭게 서서
올겨울 매섭게 몰아칠 북풍한설도
임 기다리는 마음으로
견디어 내겠소.

백년이고 천년이고
푸르름 변치 않고 기다리겠다고
그리운 임에게 약속한 절개
영원히 지키리라.

서울에서 보내온 처형의 연세대학 가을 풍경이 너무 아름다웠습니다. 사진 속에 한 그루의 소나무가 애처로웠습니다.

가을 하늘(1)

넓고 푸른 하늘 도화지 위에
하얀색 그림물감만 사용해서
오래도록 작품 활동 바쁘시네.
창조주 하나님께서 위대한 화가시라
그리신 작품들 모두 멋진 걸작이네.

서쪽하늘에 유에프오 비행접시
동쪽 위에 온 세상사람 다 사랑하노라
큰 하트 모양 그리셔서 보여주시네.
넓은 하늘 푸른 도화지 위에
한 작품 한 작품 품으신 뜻 크셔라.

아까 그린 것은 달콤한 솜사탕
금방 그린 것은 메추라기와 만나
엄마 아빠와 아들이 노 저어가는 조각배
여리고 성처럼 높고 긴 성벽도 그렸다가
예루살렘 성 그리시다 또 지우시네.

가을 하늘(2)

가을이다.
하늘이 푸르고
높기만 해라.

우리 엄니 계시는 곳
그곳에도 하늘이
푸르고 높을까?

깊어가는 가을

가을이 어디론지 깊이깊이
빠져들고 있습니다.
넓이는 얼마이며
깊이는 얼마인지
우리가 헤아릴 수 없는 곳
어디론지 자꾸만 자꾸만
깊이깊이 빠져들고 있습니다.

우리 집 아파트정원에 심어진
내 동생 예쁜 손바닥 닮은
다섯 손가락 단풍잎도
푸른 치마를 빨간 치마로
갈아입을 준비하고요.
우리 동네 가로수 은행나무들도
노랑 저고리 갈아입을 준비하느라
모두모두 바쁘게 서두릅니다.
오가는 사람들의 발걸음도
바빠집니다.

구월의 햇볕과 가을 풍경

구름 사이로 머리 내밀고 살짝 비춰주는 구월 햇볕이
어렸을 적 엄마 품속처럼 따뜻하기만 합니다.
가끔씩 구름 사이로 비춰주는
구월의 가을 햇볕은 언제나 변함없이
동쪽에서 떠올라 하늘을 가로질러
혼자서 외롭게 여행길 가면서
묵묵히 착한 일만 하면서 지나갑니다.
하늘 아래 풀과 나무 만 가지 곡식과 열매들에게
결실의 사랑을 베풉니다.

들판에는 황금물결이 출렁대며 산들바람 물결을 타고
금방이라도 톡 톡 터질 것 같은 벼 이삭들이
탐스럽게 익어가고 있습니다.
여름 내내 해님 따라다니던 해바라기가
새끼들이 크게 자라서 몸이 무거워 지쳤나 봅니다.
서쪽으로 향하는 해님은 본체만체하고
머리만 푹 숙인 체 낮잠만 잡니다.
올해에는 다른 해보다 더 많이
주렁주렁 열린 대추알들도
따스한 구월 햇볕에 빨갛게 익어가는
가을풍경이 참 아름답습니다.

귀뚜라미 우는 밤에(1)

깊어가는 초가을 밤
또르르 똘똘 또르르 똘똘
귀뚜라미가 무슨 사연 있기에
울어 대고 있을까

날마다 기다려도 오시지 않는
서울 간 임이 보고 싶어서일까
깊어가는 가을밤에 소리도 처량하게
우는 소리 구슬프다.

엄마가 보고 싶어서일까
아니면 먼저 세상 떠나간 누이가 그리운지
무슨 사연이기에 또르르 또르르 똘똘
밤새도록 울음소리 그치질 않네.

우리 집 아파트 베란다에서 귀뚜라미가 밤새 울고 있다. 나는 아버지를 닮아선지 초저녁잠을 자고 나면 좀처럼 잠들지 못한다. 고래등 같은 기와집을 짓다가 잠이라도 자려고 하면 귀뚜라미 우는 소리가 여간 신경을 쓰게 하는 것이 아니다.

귀뚜라미 우는 밤에(2)

초저녁 자고 나서 잠은 오지 않는데
베란다 창문 쪽에서 귀뚜라미가 울다가
현관 쪽에 옮겨 가서 또르르
계속해서 처량하게 울고 있네.

밤은 점점 깊어만 가는데
오늘 밤에도 이런 생각 저런 생각
진주 남강 촉석루를 짓다 말고
서울에 63빌딩 짓고 있네.

또르르 똘똘 또르르 똘똘
귀뚜라미 처량한 울음소리 그치질 않고
날이 새고 아침 되면 진주 남강 촉석루도
모두 모두 신기루처럼 사라지고 없네.

나뭇잎

고운 꽃 피우고 나면 잎을 피우고
푸른 나뭇잎을 피우고 나서 꽃을 피우기도 한다.
사람들에게 그늘숲을 만들어주고
바람과 다투기도 하며 친구가 되기도 한다.

곤충과 짐승에게 쉼터도 제공해 주며
풍성한 열매를 만들어준다.
가을 되면 울긋불긋 단풍으로 변신하여
사람들에게 많은 기쁨을 준다.

한 해 동안 이 풍진 바쁜 삶을 하다가
낙엽 되어 흙으로 돌아간다.
흙에서 왔다가 흙으로 가는 것이
사람들과도 같다.

나뭇잎이 가는 곳

어느새 사람들이 모여 사는 곳
도심 속 깊은 공원과 아파트 단지에까지
빨간 단풍잎들 너무나 곱다.
울긋불긋 단풍잎과 가을
이들의 사랑이 깊어만 간다.
길가는 연인들도 모두다 발걸음 멈추고
아! 아름답고 곱기도 하다며 이구동성으로 외쳐댄다.
이들의 사랑이 뜨거워진다.
그러나 지금은 십일월 중순이 지나고 벌써
모두가 말하는 겨울이라 하는 입동도 지난 지 오래
계절의 섭리에 순응해야 한다.
북녘에 첫눈이 내리고 첫얼음이 얼었다 하는
슬픈 소식만 들려온다.
올해에도 수능한파 최후통첩 편지에
지금까지 버텨온 가을과 노랑 빨강 단풍잎이 서로 껴안고 운다.
사람들은 이들이 흘리는 눈물을 가을비라 부르고 있다.
가을비 맞은 단풍잎들 천근만근 무거워지고 지쳐
가을비와 함께 속절없이 떨어지고 있다.
아무렇게나 떨어지고 뒹굴다가 결국은
단풍도 낙엽 되어 흙으로 되돌아간다.

낙산 갈매기

아침바다 낙산 갈매기들아
참 부지런도 하다.
낙산 창공을 벌써
몇 바퀴나 돌고 있니.

푸른 바다 위를 날고 싶어서
저 멀리 동쪽 하늘 수평선 위를
지난밤에는 몇 번이나
바라보고 또 보았니.

더 멀리 날아라.
더 높이 날아라.
마음껏 날아라. 아침 갈매기야
큰 꿈을 펼쳐라. 낙산 갈매기들아.

낙엽

가을 편지를 전하려는 걸까
가을 여행을 가려는 걸까.
나뭇잎들이 우체통 앞으로 모여들고 있다.
우체국은 아직 문은 굳게 닫혀있고
줄 서지 않은 나뭇잎들은
빙빙 돌다 어디론가 떠나고
앞서 온 낙엽들도 중구난방이다.
가을편지 전하려는 나뭇잎들이
계속해서 도착하고 있다.
앞서온 낙엽들이 떠밀려난다.
차례차례 줄을 서서 기다리고
질서를 지킨다면 좋으련만
먼저 온 낙엽들이 밀려나고
어디론가 떠나고 있다.
우체통에서 멀어지고 있다.
고속버스 터미널을 찾는가 보지.

낙엽 밟는 소리

목청 좋은 왕매미들은 어디론가 떠나버리고
좌담회 열던 사람들도 뜸해지고 있다.
선학산 등산로 길가에 나뭇잎들이
윗녁 지방에서 들려오는 단풍 소식과
아침저녁 찾아오는 추위 때문에
푸르름 지키려 한 의지가 꺾이고 있다.
한 잎 두 잎 단풍잎이 되면서
있는 힘 다해 버텨 보지만
북녘 지방에 첫눈 소식과
사나흘 계속된 추위와 된서리에
더 이상 견디지 못하고
사람들이 다니는 길바닥 위로
하염없이 떨어져 뒹굴고 있다
새벽교회 가는 사람 한발 한발 옮길 때마다
바스락바스락 소리 감회에 젖네.

단풍은 낙엽이 되어

벌써 두 달도 넘게
동장군들이 찬 공기를 무기로
앞장을 세우고 공격을 한다.
행복한 푸른 숲 만들기에 여념이 없던
감이며 밤 도토리 각종 열매들이
주렁주렁 영글어 평화롭던 행복한 숲속나라에
동장군들의 횡포가 날로 심해만 간다.
숲속나라 가족들이 똘똘 뭉쳐서
동장군들과 전쟁을 한다.
숲속 나라 가족들 모두 전체가 부상병이다.
붉은 선혈 진한 피로 물들고
동장군들의 공격은 점점 더 강도가 세지고 있다.
찬 서리 눈과 얼음으로 무차별 공격을 하니
숲속나라 가족들은 추풍낙엽이 되어
한 잎 두 잎 속절없이 땅에 떨어지고 장렬한 최후를 맞는다.
폐허가 된 숲속나라에 앙상한 나목들이 늘어만 가고
오늘 밤은 흰 눈으로 대공세를 하겠다고
최후통첩을 보냈다는 소식이다.
싸움에 승리한 동장군들은 저네들 나라 겨울공화국이
온 세상과 숲속나라에 세워졌다고 선포를 한다.

단풍의 비애(1)

산과 들에 공원들마다
나무들이 모여 있는 곳마다
울긋불긋 단풍으로 붉게 물들고
사람들도 설레는 맘으로 좋아들 한다.
단풍처럼 울긋불긋 아름다운 고운 옷
차려입은 사람들이 왁자지껄 떠들며
모여들고 있네요.
가을이라 나무들은 붉은 치마 갈아입고서
아름다운 단풍이라고 사람들은 즐기며 노래하지만
가을나무 가족들의 고통스러워하는 모습들을
사람들은 아는지 모르는지
한여름을 잠시 푸름 피웠던 나뭇잎들의
너무나도 짧은 삶을 마감해야 하는 날이 오고 있다.
가을맞아 나무숲 가족들을 떠나기 싫어
견디기 힘들게 계속되는 추위와 찬바람과
헤어짐의 고통을 붉은 피를 토해 물들이고
괴로워하는 나뭇잎들이 최후의 몸부림을 치고 있다.
벌겋게 핏빛으로 변해가는 단풍이 되어버린
단풍의 비애를 사람들은 즐거워한다.

단풍의 비애(2)

단풍처럼 아름다운 울긋불긋한
고운 옷을 차려입은 남자와 여자들이
왁자지껄 떠들며 산으로 가고 있다.

가을이라 가을바람 솔솔 불어오니
나무들은 붉은 치마 갈아입고서…….
아름다운 단풍이라고 즐기며 노래한다.

가을나무 가족들이 고통스러워하는데
이를 본 사람들은 참 이기적이다.
즐거워하며 노랫소리 그치지 않네.

한여름 잠시 푸름 피웠던 나뭇잎들이
짧은 삶을 마감해야 하는 날이 오고 있다.
나무숲 가족들을 떠나기 싫어하네.

계속되는 추위와 찬바람과 헤어짐의 고통으로
붉은 피를 토해 물들이는 나뭇잎들이
최후의 몸부림을 치고 있다.

벌겋게 핏빛으로 변해가는 단풍이 되어버린
한 많은 짧은 삶을 살다가는 나뭇잎들이
사람들은 잔인하다며 떠나갑니다.

떠나는 가을

춘삼월 오는 봄은
새로 태어나고 다시 만나는 계절
가을은 이별이 서러워
슬피 울면서 떠나야 하는 계절

화려했던 단풍이 낙엽 되어 떠나고
황금 들판 날뛰던 메뚜기들도 떠난다.
어디론가 떠나는 가을을 따라서
꿀벌과 나비도 어디론가 떠나고 없다.

코스모스의 살랄 살랑 손 흔들어
가을을 붙잡기 위해 부르는 소리 듣는 둥 마는 둥
가을은 어디로 떠나야 하는지 모르면서
떠날 준비 하느라 허둥대며 바쁘기만 하다.

가을 내내 짙은 화장하고 뽐내던 국화꽃들이
떠나려 하는 가을과 실랑이 한다.
오늘도 벌써 해는 지고 날은 어둔데
안간힘을 다해 붙잡고 있다.

대추의 찬가

자자손손 반만년 이어온 추석 명절이
코앞에 다가왔네.
조상님께 제사하는 추석 차례에
좋은 자리 제일 먼저 예약해놓고
그날을 기다리고 있구나.

우리나라 남쪽이나 북쪽이나
춥고 더운 것 안 가리고 아무데서나
수백 수천 알찬 열매 대추알 붉어지네.
하늘 향해 높이 뻗은 가지마다
주렁주렁 열린 대추알이 복스럽구나.

피로회복 감기예방 대추차로
혈액순환 몸도 따뜻하게
불면증 진정효과 한약제로
약방에선 감초보다 많이 쓰고
삼계탕 백숙에도 제일 먼저 들어가네.

다산을 상징하는 대추알 너희들이
요즘의 예식장 풍경을 재미나게 하는구나.
시어머니는 며느리 치맛자락에
대추알 한 움큼을 던져주고
친정엄마는 두세 개만 던져주네.

동자승과 낙엽

빨강노랑 울긋불긋 훨훨 불타오르던
조그만 산사에 마당이 한산하기만 하다.
날마다 가을 축제잔치 왁자지껄 하다가
어느 날부터 사람들의 발길도 끊어진
산사에 동자승이 날마다
싸리나무 몽땅 빗자루랑 씨름을 한다.
어디서 날아오는지 여행길 같이하지 못한
낙엽들이 패잔병처럼 몰려들 온다.
대웅전 마당 양옆 굴참나무 떡갈나무 단풍나무
낙엽들이 길 떠난 지 오래인데,
앞산 뒷산 마을에 낙엽들이 먼 나라 떠나기 전
동자승과 늦은 이별 인사 나누기 위해선지
계속해서 날아온다.
싸리나무 몽땅 빗자루로 일일이 머리 쓰다듬어 주며
내년 봄 새 옷 입고 다시 오라고 배웅을 한다,
지금쯤 지칠 때도 되었을 텐데
까까머리 동자승 체력도 좋다.
싸리나무 몽땅 빗자루가 더 몽땅해졌다.

된서리

오늘 아침 아내의 출근 배웅을 위해 현관 앞에 나왔는데 어제보다 그제보다 내 몸이 사시나무 떨리듯 온몸과 턱이 떨렸습니다. 여보, 잘 다녀와 배웅 인사하는 둥 마는 둥 급히 이불 밑에 파고들었다가 여느 때처럼 아침 10시 늙은이 컴퓨터 교육장에 가는 길은 어제까지 아무 일 없었다고 샛노란 은행잎들이 나를 반겨주었는데 바람도 안 부는 햇볕 좋은 날에 아! 이것이 무슨 변괴인고. 은행나무 노란 이파리들이 사뿐사뿐 내려앉고 있습니다.

골목길 아파트 뒤에 주차되어 있는 차들마다 하얗게 내린 서리가 아직도 안 녹고 있습니다. 앞 유리창마다 하얗게 성에가 얼어 있네요. 서울 쪽에 첫눈 소식과 얼음 얼었다는 소리에도 꿈쩍 않고 버티던 가로수 은행잎들이 어젯밤 새는 동안에 된서리를 맞았나 봅니다.

햇님을 기다리다 지친 은행잎들이 원망이나 하듯이 인도에 수북수북 쌓이네요. 아무 소리도 없이 속절없이 떨어지고 있습니다.

문득 내 나이 몇 살이지, 작년에 회갑 지냈는데, 옛날엔 오래 살았다고 회갑연도 열어주었는데… 실크 공장하는 친구, 목공소 하던 친구, 된서리에 은행잎 떨어지듯 세상 떠난 친구들이 눈앞을 지나가고 있습니다.

일 년도 살지 못하고 세상을 마감하는 은행잎들을 보다가 나도 저 나뭇잎들처럼 떠나야 할 날이 다가오고 있음을 깨닫습니다. 이런 생각 저런 생각에 내 마음도 발걸음도 무거워집니다.

컴퓨터교육을 마치고 되돌아오는 길 위에 은행나무 가로수마다 홀라당 벗은 나목이 되어있습니다. 속수무책 아래로 떨어져 수북수북 쌓여 있던 은행잎들이 수많은 사람이 오고가는 발걸음에 차이고 밟혀서 산산조각으로 찢기고 짓이겨져 있고 홀라당 깨벗은 은행나무들 모습을 보니 장차 내 모습을 보는 것 같아서 한없이 처량합니다.

마지막 단풍잎

사랑하는 짝꿍을 만나서
아름다운 꽃도 피워 보고 싶었다.
예쁜 열매도 맺어 보고 싶었다.
푸른 꿈을 이루고 싶었다고
살을 에는 찬 서리에 절규를 하다
붉디붉게 피멍이 든 다섯 손가락
붉은 피 한 방울 없이 다 쏟은 후
말라비틀어진 마지막 잎새들
참 아름다워라 라고 노래하던
사람들은 어디론가 떠나고 없다.

◇◇◇◇◇◇◇◇◇◇

아파트경비원들과 길거리에 환경미화원들은 마지막 잎새들인 낙엽 쓰느라 애를 쓰고 있다.

마지막 잎새(1)

곱게 단장한 초저녁 시월 보름달이
토끼 같은 자녀들 앞장세우고
계수나무 아래서 방아타령 공연 중인데
검은 구름이 하늘을 가리고 방해를 한다.

보름달 가족들이 흐느끼는 이슬 눈물에
애먼 아기 단풍 나뭇잎 옷이 점점 무거워진다.
붉은 비단옷 벗기 싫어 안간힘인데
하루 종일 추적추적 내리는 가랑비에
젖은 비단옷이 무거워져 엄마의 손을 놓고 만다.

아직도 몸에는 붉은 피가 도는 듯
붉은색 아기 다섯 손가락 모양 나뭇잎들은
차가운 빗물로 몸을 잔뜩 부풀리고
아파트 마당을 붙잡고 엎드려 장례식장 가기를 거부한다.

수많은 나뭇잎 시체들을 장례를 치르는
노인 장례사는 합동장례를 치르기로 정하고
몽땅 빗자루로 모아 장례식장으로 옮기려 하지만
땅바닥을 붙잡고 가지 않으려 하는
마지막 잎새와 씨름을 한다.

마지막 잎새(2)

할아버지 아버지가 먼저 떠나고
어제저녁 무렵엔 어머니도
어디론가 끌려가고 없다.
아기 이파리가 홀로 남아
마른 가지를 붙들고 벌벌 떨고 있다.
오늘은 시베리아 심술쟁이가
일찍부터 공격을 한다.
팔랑개비처럼 팔랑팔랑 돌면서
요리조리 피해보지만
시베리아 심술쟁이가
끈질기게 공격을 하니
아기 이파리가 마른 가지를
붙잡은 손을 놓고 만다.

진주에는 요즘 가을빈지 겨울빈지 모르는 궂은비가 너무 자주 내리고 있다. 은행나무, 벚꽃나무는 벌써 나목이 되고 빗물에 젖은 단풍잎은 콘크리트 아스팔트 바닥에 달라붙어서 대나무 비로 쓸어 보지만 잘 쓸리지 않는다.

메뚜기 축제

산은 울긋불긋 아름답고
하늘도 높은 황금 들판에
메뚜기들과 사람들이 술래잡기
축제 한마당 열렸다.
많은 축하객이 모여들고
높고 푸른 하늘 바다에 떠가는
흰 구름 조각배에 뛰어오르려는 듯
메뚜기들의 기세가 높다.
축제장에 깔아 놓은 누런 황금색 양탄자를
두 발로 힘차게 차고 오른다.
메뚜기들을 쫓아다니는 술래들이
이리 뛰고 저리 뛰고 바쁘다.
술래들이 지쳐만 간다.
메뚜기들도 뛰다 지쳤나 보다.
벼룩이 뛰어 봤자 부처님 겨드랑이 속 맴돌고
손오공이 높은 하늘 날아 보지만
부처님 손바닥 안에 있다고 술래들이 되뇐다.
흰 구름 조각배에 뛰어오르려는 기세는 어디 가고
메뚜기들은 하나둘 술래에게 잡히고 만다.

설악산의 가을풍경

설악산 골짜기가 훨훨 불타고 있다.
어떤 심술꾸러기가 불을 질렀을까.
발갛게 불타고 있는 설악산과 나무들마다
몸부림치며 고통스러워하고 있다.

보금자리 떠날 준비 하느라
산새들 바쁘게 날아다니고
양 볼에 도토리를 가득 채운 다람쥐 부부가
안전한 땅속에 숨기느라 바쁘다.

불타는 설악산을 즐기기 위해
사람들이 꾸벅꾸벅 오르고 있다.
피 토하듯 고통스러워하다 자포자기한
불타는 단풍나무들의 슬픈 모습들을
사람들은 즐거워하고 있다.

시월에 핀 백장미

신동교회 정문 입구에는
10월 말인데도 백장미들이
힘겹게 버티고 있습니다.
장미의 계절에는 천하를 호령하며
기세등등했었지요.
뜨겁지도 않고 차갑지도 않고
때맞춰 내려주는 비를 맞으며
오뉴월 긴긴해 태양의 햇볕도 받으며
오만천지 온 세상 뒤덮은 무리 속에서
계절의 여왕 칭호를 받았습니다.
빨간 장미에게 보란 듯이
그리도 당당하게 많은 이들에게
눈빛들을 사로잡더니
영롱한 하얀 꽃잎 한 잎 한 잎마다
그 밝은 빛 광채 다 어디로 가고
초라한 모습으로 사람들의 시선을
부끄러워하네.

신동교회 정문 입구, 10월 말인데도 백장미들이 버티고 있다.

어느 소녀의 가을 이야기

황금물결 끝없이 펼쳐진 가을 들판에 군데군데 허수아비
할아버지와 신체 건장한 아저씨가 버티고 서 있다.
머리에 쓴 밀짚모자가 뜯겨지고 찢어진 모습들이 참 재미있다.
위쪽에 검은 양복 색동저고리 치마를 곱게 차려입은
사랑 나누는 부부도 나란히 서있다.
짹짹 짹짹 왁자지껄 한 무리의 참새 떼들이 날아온다.
찰옥수수 한 알 두 알 따서 입에 넣다 말고
훠어 훠어 소리 지르지만 들은 체 만 체
참새 떼들 짹짹 짹 노래 부르며 꿈쩍도 않네.
훠어 훠어 목만 아프다.
두 갈래머리 뒤로 묶은 가냘픈 소녀
훠어 훠어 목청도 크다.
불청객 참새 떼는 꿈쩍도 않고 소녀가 급해졌구나.
씹다 만 단수숫대와 찌그러진 양재기를 들고 뛰어간다.
훠어 훠어 소리 지르며 찌그러진 양재기를 두들겨 댄다.
깜짝 놀란 메뚜기들이 사방으로 뛰고
허수아비 할아버지 아저씨는 낮잠만 잔다.
검은 양복 색동저고리 갖춰 입은 젊은 부부는
아직도 사랑 얘기만 나누고 있다.
참새 떼들 잠시 다른 데로 가는 듯하다가
공중을 한 바퀴 빙 돌다가 다시 또 날아온다.
소녀와 하루 종일 술래잡기한다.

은행나무

은행나무 가을맞이로 차려입은
두루마기가 곱기도 하다
잘 익은 치자로 곱게 물들이고
오직 한 마음 일편단심으로
여름엔 푸른색 바지저고리 가을엔 노란색
두루마기로만 한마음이었소.

오랜 세월 수백 수천의 세월들을
모진 풍상을 다 겪고도 변함없었소.
임을 위한 곧은 절개로 변함없는 삶
오직 은행나무 이름을 지키기 위해
한평생을 푸른색 바지저고리와
치자로 물들인 두루마기만 입고 있었소.

오직 그님만 기다리며 살아온 한평생
만고의 세월을 살아온 동안에
가을을 시샘하는 겨울 동장군에게
차라리 바지적삼 두루마기 다 벗어주고
알몸으로 혹독한 겨울 추위를 버티어 내리라
새봄이면 찾아올 임 기다리겠노라고 다짐합니다.

은행잎

진주 도동 여자중학교 교정에
푸름으로 아름다운 은행나무마을에
회개하라 천국이 가까이 왔노라고.
하늘의 외침을 들었는지 못 들었는지

된서리 하얗게 내린 날
삶을 마감하고 땅에 떨어져
최후심판 받는 날 은행잎들이
긴장이 되어서인지 얼굴들이 더 노랗다.

천사소녀들이 심판을 하고 있다.
소녀들이 모여들어 한 잎 두 잎
생명 책속으로 안내를 한다.
죄 사함을 받은 잎들이 늘어나고 있다.

추석

우리의 고유명절 추석은 2천 년 전에
신라 유리왕 때부터 대대로 한가위로 이름하고
전해 내려온 명절이라고 배웠습니다.
높고 맑은 하늘 위로 떠오르는 보름달을 보면서
음식을 서로 나누어 먹고 춤을 추며 즐겼던 날이
지금까지 전해 내려온 날입니다
올해에도 동산에 둥그런 보름달이
구름들 사이로 떠올랐습니다.
추석날밤 둥그런 보름달이 떠오르면
달을 보며 소원을 빌었습니다.
더도 말고 덜도 말고 오늘 한가위 같게만 해달라고
소망했던 옛날 고향에서 추석날 추억이 떠오릅니다.
햅쌀밥에 깨 갈아 넣은 토란국과 고깃국에
여러 가지 나물 무침 배가 불러도 감이며 대추 밤
쉴 새 없이 먹었답니다.
배가 둥근달처럼 불러 오르면 동산에 올라
둥근 달을 배와 대보며 부른 배를 양손으로 두들기면서
더도 말고 덜도 말고 오늘만 같게 해달라고 기도했답니다.

터줏대감

우리 동네 아파트 지하주차장에는
길고양이 부부가 살고 있다.
동네 주민들의 허락도 없이
무단 침입해 자리 잡더니
이제는 터줏대감 노릇을 한다.
밖에서 노숙하던 수고양이가
추위와 눈바람이 견디기가 힘들었는지
아파트 지하주차장 앞에서 기웃거린다.
터줏대감 고양이가 출입구에서
버티고 서 있다.
사람들의 지하주차장을 무단 점유해 놓고선
노숙하던 수고양이를 들어가지 못하게 한다.
으르렁 들어간다.
으르렁 못 들어간다.
금방이라도 날카로운 송곳니로 물어뜯을 기세다.
밤새도록 으르렁 경고소리를 하면서 대치 중이다.

코스모스(1)

사랑 찾아 가을이 산들바람을 타고
살짝 찾아왔네.
사랑하는 임 맞이하기 위해
코스모스 아가씨들이 신났다.
연분홍 연지곤지 얼굴 위에 곱게 바르고
산들바람 타고 온 임과 손을 붙잡고
춤추고 있네.
아까 춘 건 탱고 지르박 트위스트
지금은 바람가수 트로트 노래에 맞춰
블루스 춤추고 있네.
가을과 코스모스가 호흡이 맞다.
하루 종일 흔들어 대도 지칠 줄 모르는
가을과 코스모스 연인들의 춤은
해가 넘어가도 쉬지를 않네.

코스모스(2)

머나먼 이국 멕시칸에서
동방의 나라 대한민국을 흠모하다가
기어이 이 나라에 찾아온 코스모스들이
드디어 전국에 가을꽃 축제장에
여왕으로 자리 잡았다.
심술궂은 비바람이 몰아칠 때도
뜨거운 폭염과 가뭄에 목마를 때도
온갖 풍상 다 겪은 들꽃처럼.
스스로 자라서 몸매를 만들고
향수(鄕愁)를 잊은 지는 오래다.
이제는 짙게 화장을 하고
초등학교길 양옆을 따라선 코스모스들이
가을바람과 함께 짝을 이뤄
한들한들 춤추고 있네.
환상적인 한 쌍의 커플들의
춤 솜씨를 보기 위해 일찍부터
초등생 개구쟁이 구경꾼들이
재잘거리며 몰려오고 있다.

코스모스 축제

북천 코스모스 축제장에
사랑 찾아온 가을바람과
사람들이 구름처럼 찾아왔네.

연분홍 연지곤지 곱게 바르고
사랑하는 임 가을바람과
속삭이다 말고 블루스 춤을 추네.

기나긴 세월 일편단심
기다리던 임이 오셨네.
가을바람과 행복해하네.

넓은 들에 축제장에 코스모스들이
사랑하는 임 가을바람과 함께
한들한들 춤추고 있네.

허수아비

황금 들판 호령하는 허수아비 부부
논 가운데에 당당하게 서있다.
분홍치마 색동저고리 곱게 차려입고
머리엔 둥그런 챙모자가 우습구나.
옆에선 남편은 운동복 차림하고
참새 떼를 쳐다보고 호령하네.
놀란 참새 떼들 다른 논으로 향한다.
벼 이삭들이 일제히 고개 숙이고
허수아비님 고맙다고 인사를 하네.
지금은 이렇게 당당하지만
농부들이 벼 이삭들 거두어 가고
황량한 벌판 되면 참새들도 다 떠나고
찬바람 몰아치는 허허벌판에
허수아비 부부만 남게 된다면
그때도 지금처럼 사이좋게
정다운 얘기 나누며 즐거울 건지.

허수아비 축제

가을바람과 벼 이삭들이
춤을 추는 허수아비 축제마당에
참새 떼는 어디로 갔나.
사람들만 오고간다.

곱게 차려입은 신혼부부 한 쌍
옷차림이 영 어색하다.
신랑 입고 있는 양복이 우습다.
무릎까지 내려오고 소매도 길다.

신부가 입고 있는 한복도
곱기만 할 뿐 촌스럽구나.
벼가 익어가는 나락 논에는
밀짚모자 작업복 차림으로 나왔어야지.

홀로선 단풍나무(2)

새봄에 향기로운 꽃 피우지 못해
벌 나비들은 벚꽃들로 향하고
시원한 나무그늘숲 만들지 못해
사람들도 매미들도 벚꽃나무 그늘 향할 때
홀로선 단풍나무가 눈물 머금었다오.

홀로선 단풍나무 외로움 달래며
무더위 비바람 태풍도 견디며
빨간 고운 옷 치마저고리 선물 갖다 준
가을 손님에게 고맙다는
인사도 미처 못 드렸는데

갑자기 찾아온 겨울손님이 먼 길이니
빨리 가자며 재촉을 하네.
싫다고 완강하게 거절했지만
막무가내로 날마다 찾아와서 괴롭히네.

사람들의 시선도 미처 못 받고
속절없이 떨어져 먼 길 가네.
마지막 잎사귀로 남은 네댓 잎사귀들이
덜덜 떨고만 있네.

봄 여름
그리고
가을 겨울

겨울

가시물고기 된 낙엽

가시고기 어미가 자나 깨나
자식사랑 새끼 위하다 기력을 잃고
낙엽 되어 떨어져 나간 그 자리에서
가시물고기의 알이 자라고 있다
가시물고기 새끼 알이 부화하기도 전에
기력을 잃고 낙엽으로 생을 마쳤다지만
피를 토해 수십 겹 싸매
바람 한 점 틈타지 못하게 만들었으니
겨울 한파 걱정 없이 지낼 겁니다.
새봄 되면 따뜻한 춘삼월에
파랗게 예쁘게 부화를 하겠지요.
시인께서 조용히 자장가 불러주세요.
아지랑이 춤추는 내년 봄에
사뿐사뿐 오시라고 불러주세요.
어미 가시 물고기가 생을 마쳤던 그곳에서
새끼 알들이 멋지게 새싹으로 자라
예쁜 꽃들도 피어날 것입니다.

겨울 감나무

나무야 겨울 감나무야
초록 채색 두루마기 입고 치장을 하고
봄바람에 산들 춤출 때
감똘개* 목걸이 만들어 목에 거는
아이들도 몰려들었지
볼이 빨간 수많은 자녀들 거느리고
행복했던 시절이 있었지.
겨울 감나무야 귀여운 자녀들과 빨간색
고운 옷은 누가 빼앗아 갔나.
실오라기 하나 걸치지 않고 홀라당 벗었구나.
혹독한 겨울 추위 찬바람에 얼마나 굶었기에
뼈만 앙상하게 야위었구나.
발가벗은 야윈 모습 쳐다보기 민망하다
어느새 눈물도 말라버린 겨울 감나무
새봄이 올 때까지만 살려달라고
하늘만 바라보며 죽기 아니면 살기로 기도를 한다.
오직 기도뿐이라는 성경 말씀 들었었나보다.

*감똘개 : 감꽃의 전라도사투리

겨울나무

올봄부터 그림 그리기에 나섰다.
아침부터 저녁까지 쉬지 않고
세상이 잠들어 있는 어둔 밤에도
하루 종일 폭염이 내리쬐는 날에도
날마다 부지런히 그림을 그렸다.

올해에 일 년 동안 그린 그림이
맘에 들지 않았나보다.
잎사귀 아래 정성껏 그려 넣은 열매들과
빨강 노랑 물감칠한 나뭇잎 그림들을
아낌없이 다 떼어내 버리고 없다.

앙상한 가지들만 남긴 채 아낌없이
다 버리고 기어이 걸작을 그리겠다고
긴긴밤 발가벗은 채 겨우내 구상 중이다.
따뜻한 새봄이 오면 다시
시작하려나 보다.

겨울비

강남 갔던 봄 처녀가
돌아온다는 소식 듣고서
겨울비가 오늘 하루 내내
하염없이 주룩주룩 눈물 뿌리네.

남쪽에서 올라오는 봄 처녀를
쉴 새 없이 원망하며
겨울비가 종일 울고 있지만
위로해주는 사람은 없네.

겨울비 눈물을 닦아주며
달래주는 사람은 아무도 없네
강남 갔던 봄 처녀 온다는 소식에
사람들은 다 좋아들 하네.

겨울비 오던 날의 추억

지난 사흘간은 살을 에는 추위가 수그러들고
사나흘 포근한 날씨가 계속되더니
닷새 만에 서는 괴목(槐木) 장날은
아침부터 겨울비가 계속 내리니
눈깔사탕 못 먹을까 걱정됩니다.

내일모레 형님 생일날
미역국 끓여 주기 위해서 시장 다녀오마.
하신 엄마 기다리느라고
살대가 두 개나 부러진 비닐우산 받쳐 들고
동구 밖에 나가 엄마를 기다립니다.

오랜 기다림 끝에 엄마와
반가운 상봉이 이루어지고
날씨가 추운데 뭐 하러 밖에 나와 떨고 있느뇨.
맨손 맨발에 검정고무신 신고 있는
나의 모습 보고 엄마의 가슴이 쓰라립니다.

홍시처럼 발개진 나의 두 손을
따뜻한 엄마 품에 감춰주시며
눈깔사탕 한 알 입에 넣어 주시며
비 오는 날은 손이 더 차갑다고 안타까워하시던
엄마 모습 그려봅니다.

고향풍경

꼬막껍데기 엎어놓은 듯한
오막살이 초가집이 옹기종기 모여 있고
기차가 칙칙폭폭 검은 연기 뿜고 지나가면
지붕엔 그만그만한 박들이 뒹굴다가 숨습니다.

둘째 아들이 학교 갔다가
주린 배 움켜쥐고 사립문을 들어서면
젖은 손을 하얀색 행주치마에 닦으시며
반갑게 맞으시던 어머니가 잊히지 않습니다.

해 질 녘 부엌에서 밥을 짓고
아버지는 쇠죽솥에 군불을 때시느라
굴뚝 위 하얀 연기가 공중에 수를 놓고
엄마가 저녁 먹어라 부르는 소리가 정답습니다.

하얀 눈 덮인 오막살이 지붕 아래
수정고드름이 주렁주렁 자라고 있는 집을 향해
썰매타기 제기차기 팽이치기 하던 삼남매는
하얀 입김을 품으며 달려오던 때가 그립습니다.

군불 때는 아버지

하룻밤을 지내더라도
만리장성을 쌓아야 한다는
선인들의 말씀을 아버지가 잘 따릅니다.
잡아온 생솔나무 포로들을
무저갱 아궁이 속으로 밀어 넣고
만리장성을 쌓고 있는 중입니다.

포로들이 완강히 거부를 하며
매서운 독가스를 쉴 새 없이 뿜어대고
저항하며 발악을 계속합니다.
아버지가 눈물 콧물로 범벅이 되고
작전상 후퇴도 할 수 있었지만
콜록콜록하면서 밀어 넣어 제압합니다.

화생방 마스크도 없이 호호 입김을 불어 넣고
화공으로 기를 모아 공격을 하면
포로들이 속절없이 불타고 있습니다.
무저갱 속에 살고 있는 배고픈 화마가
포로들을 날름날름 잘도 받아먹으면
아버지는 승리감에 도취됩니다.

눈 내렸던 날의 추억

문 열고 밖에 나오면 혼내겠다고
엄마가 엄포를 하셨기에
오른쪽 검지에 침 발라서 폭
뚫은 방문 구멍으로 마당을 쳐다보며
눈 쌓이기만 학수고대했었던 날.

방안에서 눈이 내리기를 기도했었던
기다리던 눈은 내리질 않고
검지에 침 발라서 뚫은 구멍은
하나둘 늘어나고 눈은 더디 쌓이기만 하고
함박눈이 펑펑 내리지 않아 애태웠었네.

마당과 장독대에 눈이 쌓이면
엄마 몰래 뛰어나갔었던 날
안방 문 뚫었던 집게손가락으로
엄마 이름 아빠 이름 먼저 쓰고 난 후에
순이 얼굴 그리며 즐거워했었던 날.

눈 오는 날 고향에도

저 산들 너머에
내가 태어나 뛰놀던
내 고향 동네에도 하얀 눈이
광야에 만나처럼
하얗게 덮였을 것입니다.

내가 다니던
초등학교 운동장에도
개구쟁이들이 나와서
주먹만큼 큰 만나 떡도 만들고
눈깔사탕도 만들 것입니다.

더 크게 굴러서
눈사람도 만들 것입니다.
아빠 먼저 만들고
엄마도 만들 것입니다.

강 건너 산 너머에
내 고향 동네에도
지금쯤 하얀 눈이
내릴 것입니다.

눈 오는 날은 기분 좋은 날

첫눈이 내리는 날 영구와 땡칠이,
순돌이가 신이 났다.
첫눈 내리는 날은 신호위반을 하고
도로를 무단횡단을 해도
범칙금 부과를 하지 않은 날인가 보다.
첫눈이 내려 질퍽한 도로를 집단으로
무단횡단을 한다.
건너 동네에 사는 메리를 데리고 나와서
넷이서 다시 또 무단횡단을 한다.
모두 맨발이다. 메리 옆에만 붙어 다니고 있다.
눈이 오는 날은 나도 강아지들처럼
기분 좋은 날이었다.
어렸을 땐 눈을 손가락으로 쿡쿡 찔러서
엄마와 순이 모습 그릴 수 있어서 좋았고
눈사람을 만들 눈을 굴려도 손이 시린 줄도 몰랐었다.
나도 영구와 땡칠이 순돌이처럼
하루 종일 맨발로 뛰어놀았어도
발 시리고 추운 줄도 모르고 즐거웠었던
어렸을 적 눈 오는 날은 동네강아지들처럼
기분 좋은 날이었다.

대나무 인생

희로애락의 삶을 방 가득 채우고
칸을 만들고 다시 또 돈과 재물과
명예를 꽉 채우고 뚜껑을 단단히
덮었다고 믿고 있었다.

나의 인생 겨울을 나기 위하여
아래로부터 하늘을 향해
차곡차곡 쌓아 올린 곳간들을
쳐다보고 행복했었다.

겨우살이로 준비했던
대나무 창고 열었더니
누가 훔쳐 갔을까 아무것도 없다.
방마다 모두 빈방이다.

때 늦은 겨울비

겨우내 추위에 지친 사람들이
따뜻한 봄이 오기를 마냥 기다리다
사람들은 화가 난 모양이다.
입춘대길이라고 써 붙여 놓고
동장군 물러가라 시위하지만
아직도 겨울 추위는 꿈쩍 않는다.
남쪽지방에 내리는 가는 비가
어젯밤부터 오락가락하는 걸 보고
사람들은 봄을 기다리는 봄 처녀의
눈물이 봄비 되어 내리고 있다고 한다.
동장군들 이구동성으로
설 명절 지나고 우수절기 무렵에 오는 비가
봄비라 하겠다고 한다.
오늘처럼 오다 말다 하는 비는 봄비가 아니고
아직도 겨울비라고 한다.

바닷가에서

겨울바닷가 모래밭에
그대 모습 그려 봅니다
바닷가 모래밭에 아이 러브 유
그대 사랑한다고 손가락으로
꾹꾹 눌러서 써봅니다
심술쟁이 파도가 달려옵니다.
그대를 사랑합니다 아이 러브 유
한 자도 남김없이 빼앗아 갑니다.
다시 또 그대를 사랑합니다.
아이 러브 유 더욱더 힘주어 써보았지만
심술쟁이 파도는 성난 모습으로
빠르게 달려와서 한꺼번에
빼앗아 돌아갑니다.

바닷가의 꿈

오래전부터 꿈꾸었던
섬마을 바닷가에 살고픈 꿈
나의 꿈이 가까이 올 듯 말듯
멀어지고 안 보이고 하다가
가끔씩 나타나곤 합니다.
수평선 너머로 흰 구름과 함께
내 꿈이 사라지다 말고 또 나타나고
아라비아 사막에 오아시스처럼
너울너울 춤추다 또 사라져버립니다.
섬마을 바닷가에서 아내와 함께
단 둘이서만 천년만년 지고 새고
아담과 하와처럼 발가벗고 살고 싶었던 꿈이
보일 듯 잡힐 듯 보이지 않습니다.

옛날에 남편에게 구박을 받고 살던 아내가 같이 살기 싫다며 떠나겠다고 해 놓곤 아들을 낳을 때마다 이 아이만 키워 놓고 간다고 하다가 열 아이를 낳더란 것처럼 젊었을 적에 세상사가 어려울 때는 바닷가 섬마을로 떠나 자연인으로 살자고 아내에게 자주 말했었다. 그 꿈은 아직 진행중이다.

보름달이 떠오를 때는

내가 나고 자란 고향동산에서 떠오르는 보름달과 같은
둥근 보름달이 월아산* 위에서 떠오릅니다.
내가 누워있는 위로 지나가는 보름달이
내 고향 동산에 떠오르던 보름달보다는
덜 밝은 것 같고 더 작은 것처럼 느껴집니다.
이렇게 긴긴 겨울밤 보름달이 환하게 떠있는 날은
자다 깨다 하면서 고향이 그리워도 못 가는 신세
그리운 노래를 불러 봅니다.
지금은 어디론가 떠나버린 부모형제가 그리워지고
친구들과 이웃들도 그립습니다.
높은 산이 가로막음도 아니고
깊은 강이 가로막음도 아니지만
그리운 내 고향 생각하며 눈물짓습니다.

*월아산 : 진주시 동쪽에 있는 산

복수꽃

차가운 눈을 헤치고 기어이
샛노란 복수꽃은 피었습니다.
캄캄한 어둠 속에서
밝은 태양을 기다리는 자들에게
서슬 퍼런 시절에도 동이 튼다는
희망을 알려 주려는 거룩한 닭 모가지는
비틀림을 당했지만 날이 새듯이
온 세상 하얀 눈으로 덮어 버렸어도
기나긴 겨울밤 북풍한설
추위에 떨고 있는 자들에게
봄이 오고 있음을 알리기 위해
기어이 차가운 눈 덮인 장막을 뚫고서
샛노란 꽃을 피운 한 무리의 복수꽃
당신의 생명력은 제일입니다.

산사(山寺)에 동백

하필이면 눈 내리는 날
사랑의 열정을 터뜨리는 산사에 동백들은
조금만 참았으면 좋으련만
성스러운 산사에 백옥 같은 이불 위에다
붉은 핏방울을 툭 툭 툭
떨어뜨릴까.
아무리 사랑의 열정이 샘솟는다 하지만
하얀 빨래하는 날은 참았다가
따뜻한 햇볕 좋은 날
붉은 피 흐르도록 뜨거운 열정으로
사랑을 표할 것이지.

◇◇◇◇◇◇◇◇◇◇◇◇

하얀 눈 위에 떨어져 있는 동백꽃이 점점이 핏자국처럼 선명하다.

새벽에 피는 서리꽃

이른 아침 온누리에
서리꽃이 하얗습니다.
해님이 부끄러워 세상이 잠들어 있는
새벽에 하얀 꽃 피웠습니다.
앙상하게 나목이 되어버린
가느다란 감나무와 목련 가지 위에도
서리꽃이 눈부시게 피었습니다.
온 세상에 이른 아침만 찬란하게 핀
서리꽃은 짧은 생을 살고 갑니다.
바람 불고 구름 낀 날 비 오는 날
아침에는 피워 보지도 못 하는
너무도 짧은 생을 사는 그대 이름은
세상에서 제일 연약한 서리꽃이랍니다.

아침 안개가 가장 짧은 생을 살다가 마감한다고 한다. 그렇지만 새벽 아침만 피다 생을 마감하는 서리꽃도 안개처럼 짧은 생을 살고 간다.

섣달의 하현달

둥글둥글 예쁘기만 했던
섣달 보름달이 어느새
야금야금 다 갉아 먹히고
갓난아기 손톱만큼 남은 하현달이
불쌍하구나.

서산 소나무 가지를 붙잡고
안간힘을 다해 버텨 보지만
결국은 끌려가고 마는구나
내일모레 지나면 설날이 오고
정월 대보름달이 동산에 떠오르면

아들딸 며느리 이웃 친구들과
모두 다 힘을 합하고
저 산 너머에 오랑캐 나라에
끌려가지 않도록 훈련을 하고
동산으로 다시 오겠답니다.

석송

온갖 풍상 다 겪은
큰 바위 위에 우뚝 선 겨울 석송은
강철 같은 바위 맨바닥 위에서
물 한 방울 없는 목마름도 견디어 냈소
양토 한 줌 없어도
수십 수백 년을 살아왔다오.
비바람 큰 태풍 올 때마다
애지중지 길렀던 아들 손자 가지들이
잘려나간 쓰라림도 다 겪었소.
해마다 엄동설한 모진 바람과
온갖 고초도 다 겪었다오.
수많은 인고의 세월을 보낸
겨울 석송(石松)이기에
사람들이 우러러보는 눈길
멈출 줄을 모르잖소.

설날에 핀 동백꽃

색동저고리 치마 때때옷
설빔 차려입은 색동(色童)들이
제기 차고 널뛰면서 즐기던 설날
분홍치마 노랑저고리 자주 옷고름
소녀들의 널뛰는 공중에서 즐겁네.

먼 길 찾은 세배객들 보기에 좋고
동네 어귀에서 윷놀이하는 사람들도
도야 모야 흥겹기만 하던 그때가 그립다.
입춘대길 사람들의 노랫소리에
아기 동백들이 덮인 이불 살짝 들추네.

새봄인가 싶어 머리 내밀던 아기 동백들이
새봄을 시샘하는 꽃샘추위에
부끄러워서 동백잎 이불 밑에 숨어서
살며시 터트린 빨간 보조개가
너무 예뻐서 톡 하고 튕겨 보고 싶다.

솟대

붉은 노을이 어둠에 묻히고 있다.
서쪽하늘을 쳐다보고
장대 위에 홀로 앉아 있는 외기러기
짝을 잃고 님을 기다리고 있는 줄 알았더니
웅녀가 되고 싶어 기도 중이라고 한다.

쑥도 마늘도 없이 단식하며 하늘에 기도 중이다.
벌써 몇 년째 열심히 기도하고 있는걸 보니
기어이 응답을 받고나서 내려 오려나보다.

캄캄한 동굴에서 석 달 열흘 기도 후에
사람으로 환생해서 웅녀가 된 그 얘기를 들었나보다.
그렇지만 사람은 아무나 되나.

숲속 나라 겨울 풍경

세상이 온통 푸르른 실록의 계절에는
초록색 시원한 옷 입고 있다가.
하늘이 높고 말이 살찌는 계절이 오니
빨간색 노란색 비단옷으로 갈아입느라 바쁘다.
겨우살이 준비를 하느라 바쁜 숲속 나라에
겨울 추위 앞세운 동장군들이 쳐들어 왔다.
빨강 노랑 저고리 치마 새 옷 갈아입고
좋아하던 숲속 나라 나뭇잎들은
동장군들의 기습공격에 생을 마감하고
싸늘하게 온기도 식은 나뭇잎 시체가 되어
땅바닥에 떨어져 아무렇게나 뒹굴고 있다.
뒤늦게 찾아온 눈꽃 송이들이
억울하게 죽어간 나뭇잎 시체들에게
하얀 솜이불을 덮어 주고 있다.
세상은 여전히 동장군 맹추위가
살아있는 식물들에게 공격을 하지만
하얀 눈 이불 속에 나뭇잎 시체들은
추위를 잊은 채 잠자고 있다.

어느 겨울밤의 꿈

벤치 아래 뒹구는 낙엽을 보다가
먼 산머리 노을 진 곳으로 빨려 들어가는
석양을 바라보며 나의 인생길을 되돌아보네.
나의 인생 아등바등했던 나의 삶이
힘들게 걸어왔던 나의 고난의 길이
눈앞으로 외롭게 지나가고 있다.
때마침 갈바람에 땅바닥에 뒹굴던 낙엽들이
하염없이 드넓은 호수로 굴러떨어지고 있다.
낙엽들은 자꾸만 굴러떨어질 뿐
다시 밖으로 헤엄쳐 나오는 낙엽은 없네.
머지않아 나의 인생길도 종착역이 가까이 오겠지.
호수에 빠진 낙엽처럼
종착역에 도착하면 또다시
돌아올 수 없는 꿈을 오늘밤도 꾸고 있겠지.

어렸을 때 겨울밤

시베리아에서 잊지 않고 찾아온
불청객이 감나무 우듬지를 괴롭힌다.
몰아치는 겨울 찬바람에
추워서 견디기 힘들다고
위윙위윙 큰소리로 울어댄다.

전봇대를 붙잡고 있던 전선줄도
덩달아 쉬잉쉬잉 울어댄다.
겨울 찬바람이 무서웠을까
문풍지가 벌 벌벌 떨어대면
고구마를 먹던 우리 삼남매가
이불 속으로 더 깊이 파고든다.

어린 시절 겨울 이야기

날이 새려면 아직 멀었네.
아버지는 밤이 길기도 하다고 넋두리를 하신다.
에헴, 에헴 헛기침을 하시며
부엌으로 나가시고
기명물* 데우시기 위해 불을 때신다.

어머니와 우리 삼남매는
꿈나라에서 뛰놀고
아랫목에 벌어진 벽 틈 사이로
식구들이 잠자는 모습을 엿보기 위해
살금살금 들어온 메케한 연기 냄새가
오히려 새벽잠을 부추긴다.

콩깍지에 숨어있던 낱 콩알들이
뜨겁다고 뺑뺑 비명을 지르며
뛰쳐나오는 소리를 자장가 삼아
우리들은 새벽잠을 즐긴다.

---

*기명물 : 부엌에서 허드렛물로 사용하는 물. 겨울에는 데워서 식구들의 세숫물로도 사용한다.

여름도 싫고 겨울도 싫고

가만히 앉아만 있어도
온몸에는 비지땀이 줄 줄줄
초복 중복 말복이 지나도 덥다.
입추(立秋)가 가을 갖고 오면 시원하다기에
손꼽아 기다리던 입추가 왔지만
덥기만 하다. 속았나 보다.

방한복 방한화 장갑을 끼도
손이 시리다 발이 시리다.
온몸이 꽁꽁 소한 대한 지났지만 춥기만 하다.
입춘이 새봄을 갖고 오면 따뜻하다기에 기다리다가
드디어 입춘이 새봄을 들고 왔지만 춥기만 하다.
또 속았나 보다.

나 젊었을 적엔
여름에는 겨울이 좋아 기다렸고
겨울에는 여름이 좋아 기다렸었네.
이제는 나이 들어 늙어지니 더워도 힘들고 추워도 힘들고
여름도 싫고 겨울도 싫다.
여름도 가라. 겨울도 가라.

우리 동네 겨울풍경

빙 둘러 병풍처럼 산들이
엄마 품처럼 펼쳐진 안에는
꼬막껍데기 옹기종기 누가 엎어 놓았을까.
새벽부터 내린 눈이 온 동네가 하얗구나.
온 세상 모두 은빛이 눈부시다.
우리 집 지붕 위에도 장독대 위에도
철이네 지붕 위에 마당 위에도
산과 들 모두 하얗구나.
뒷동산 위로 해가 두둥실 떠오르고.
서산에 해 질 녘쯤이면
우리집 처마에도 철이네 처마에도
수정고드름이 열리기 시작하겠지
주렁주렁 열리는 고드름을 따서
칼쌈하던 때가 눈에 선하네.

주산지의 겨울나무

날도 차가운 겨울날에
빨강노랑 비단옷은 어디에 두고
벌거벗은 알몸으로 거꾸로 물구나무선 채
벌벌 떨면서 해님만 따라가고 있다.

날마다 해님이 산책하는 시간만 되면
실오라기 하나 걸치지 않은
앙상한 나목들이 거꾸로 머리 처박고
산자락을 의지하고 매달려서
해님만 따라가고 있다.

벌거벗은 나목들은 날마다
무슨 사연 있을까
눈비 오는 날과 구름 낀 날만 쉴 뿐.
날마다 해님의 산책길을 거꾸로
머리 처박고 따라가고 있다.

첫눈 내리는 날의 꿈

새벽에 내린 눈을 바라보다가
황홀함에 취해 잠이 들었네.
오랜만에 내리는 만나와도 같은
하얀 가루 새벽 첫눈이 온 세상을 덮었네.
광야에 뿌려진 생명 떡가루 만나를 찾아
꿈속을 헤매고 있네.
영롱한 순백색 반짝이는
허허벌판 광야에 뿌려진 만나를 보네
온 세상이 잠들어 있는 새벽녘에
뿌리고 가셨나 봐
황량한 광야에서 방황하는 사람들에게
생명의 양식이 되네.
아침 해가 뜨거워지면 만나가 녹아 버린다.
하루 먹을 만큼만 허락하셨네.
게으른 늦잠꾸러기 만나를 얻지 못하고
욕심쟁이 수고는 헛되고 마네
하나님께서 만들어주신 에덴동산에서처럼
젖과 꿀이 흐르는 꿈나라 가나안에
인도하시는 꿈을 꾸고 있다
첫눈 내리는 날 에덴동산과 가나안과
광야를 헤매고 있다

촛대바위

고기잡이 나간 사랑하는 임을
날마다 같은 자리에 서서
돌아오시기를 기다리다가
겨울 추위에 바위가 되었습니다.

한 달이고 일 년이고 십 년이 가도
사랑하는 임 기다리다가
서 있는 모습 그대로 꽁꽁 얼어
촛대바위가 되었습니다.

임이 오신다면 촛대바위가 되어도 좋습니다.
천년이고 만년이고 이대로 서서
사랑하는 임이 오실 때까지
바다만 바라보고 하염없이 기다립니다.

촛대바위를 바라보다가

수많은 세월 동안 바다만 바라보며
사랑하는 그 사람을 그리워하다
수평선 너머에서 파도를 타고
그리운 그 사람이 오실까 봐
그대로 굳어버린 촛대바위가
날마다 바다만 쳐다보며 기다립니다

나도 당신을 그리워합니다.
당신 가셨던 길이 수평선 너머였는지
당신 가셨던 길이 하늘 높은 곳이었는지
높은 산 너머로 가셨었는지 알 수 없어도
바다만 바라보는 촛대바위처럼
나도 한참 동안 바다만 바라봅니다.

추억의 찹쌀떡

옛날에 옛날에 수십여 년 전에
청계천 뚝방촌 하천 길 양쪽에
올망졸망 판자촌 마을 이루고 살 때,
한 평 될 듯 말듯 단칸방에
매형누나 형제들 모여 앉아서
조잘조잘 수다를 떨다 보면 뱃속이
출출함을 모두 다 똑같이 느꼈습니다.

우리 모두 고향에 살았을 적엔
낮에 삶아 먹고 남은 고구마와 싱건지국과
무도 꺼내다 깎아 먹었었습니다.
뚝방촌 시절 티브이도 없던 시절에
밤새도록 입으로만 수다를 떠니
뱃속에서 출출하다고 신호를 보내옵니다.

애먼 냉수만 벌컥벌컥 마셔들 대고
겨울바람 소리는 계속 씽씽 요란하지만
조잘조잘 수다소리 끊기질 않을 때
멀리서 찹쌀떡 사려 소리 점점 가까이 들려오지만
누구 한 사람 찹쌀떡 장수 부르지 않고
찹쌀떡 사려 소리는 야속하게 멀어져 갔습니다.

푸른 솔

천년을 산다 해도 초심 그대로
변함없이 사시사철 푸른 절개 지키겠소
세상 사람들은 여름 겨울철 따라
몸에 걸친 옷 색깔 무게 달라지고 있건만
앞산 뒷산 나무들도 계절마다 형형색색
바꾸어 입기도 하고 치장도 하지마는
푸른 솔은 봄 여름 가을 겨울 오직 푸름으로
천년이 흐른다 해도 하루도 변함없구나.
청송(靑松)으로만 초심 그대로
노랑 빨강 분홍 비단옷 다 거절하며
지금 이대로 천년이라도 기다리겠소
양지이면 어떠리 음지이면 어떠하리.
눈비가 폭풍우가 되어 몰아쳐도
푸른 솔은 한번 품은 초심은 변치 않고
세상 사람들이 우러러 부르는 소리
청송 같은 곧은 절개라는 말을 들으면서
천년이라도 이대로 살아가겠소.

풍경(風磬)

걸음마 배우는 동자스님이
풍경에게 놀러 와서
친구하며 놀자 해도 본체만체
땡그랑 땡 땡그랑 땡
까까머리 청년 스님 지나가도
땡그랑 땡그랑 땡그랑
공양주 보살님이
저녁 공양시간 되었다 해도
땡 땡 땡그랑 땡 땡 땡그랑
산들바람과만 논다 하네
조용한 겨울산사에 풍경소리
잠시도 쉬지 않네.

11월의 노래

11월은 1자가 두 개 겹치는 달
얼음이 얼고 눈도 내리고 겨울이 시작되는 달
청솔모와 다람쥐가 알밤과 도토리 모아다 놓고
겨울 잠자리를 준비하는 달

산과 들과 곳곳마다 국화향이 진동을 할 때
농부들 한 해 동안 땀 흘리고 수확한 오곡백과를
곳간에 쌓아 놓고 풍년가를 부르면서
겨우살이가 시작되는 달

오랫동안 고난의 세월 살았던 어르신들이
숫자공부를 못해 11월이라고 읽지를 못해
작대기 두 개 세워 놓은 달이라 하며
단팥죽 끓여 먹고 재앙을 물리치는 달

요즘은 언제부터인가 모르지만
작대기 네 개가 겹치는 날 11월 11일
연인들이 빼빼로 주고받는 날
두 사람의 사랑이 오래도록 계속되는 달이라고 노래합니다.